DE L'ADOPTION

THÈSE POUR LE DOCTORAT.

L'acte public sur les matières ci-après sera soutenu
le jeudi 8 mai 1856 à midi,

PAR

Jules-Henri-Édouard ROHART,

Avocat à la Cour impériale de Paris,

Né à Dunkerque (Nord).

Président : M. DURANTON, professeur.

SUFFRAGANTS :
MM. PELLAT, doyen,
VALETTE,
COLMET-DAAGE,
Professeurs.
FERRY.
Suppléant.

Le candidat répondra en outre aux questions qui lui seront faites sur
les autres matières de l'enseignement.

VERSAILLES,

BEAU Jne, IMPRIMEUR-LIBRAIRE,

RUE DE L'ORANGERIE, 36.

1856

A MON PÈRE.

A LA MÉMOIRE DE MA MÈRE.

A MA FAMILLE.

DROIT ROMAIN.

DE L'ADOPTION

Et de ses effets à l'égard des enfants adoptifs (1).

L'adoption est un acte solennel par lequel une personne acquiert la puissance paternelle sur une autre.

Telle est du moins l'adoption, depuis l'époque où elle figure parmi les institutions de Rome jusqu'au moment (an de J.-C. 530) où une constitution de Justinien (Cod. 1. 10 *de adoptionibus*) l'empêche d'attribuer à l'adoptant la puissance paternelle sur l'adopté, lorsque celui-ci est *alieni juris,* et que l'adoptant est un *extraneus* par rapport à celui qu'il adopte. Depuis lors, l'effet principal de l'adoption en pareil cas est de conférer à l'adopté des droits à la succession *ab intestat* de l'adoptant.

Au reste, cette constitution, qu'il suffit de signaler ici, fera plus loin l'objet d'observations spéciales.

L'adoption figure parmi les anciennes institutions de Rome. L'histoire et l'ensemble de la légis-

(1) Une dissertation aussi modeste que la nôtre ne pouvait embrasser, dans son ensemble, le vaste champ de l'adoption romaine considérée dans tous ses effets. C'est pourquoi nous n'examinerons pas les modifications diverses que l'adoption fait subir aux droits de succession ou de tutelle qui peuvent compéter tant à ceux dont l'adopté a cessé d'être l'agnat, qu'à ceux dont il l'est devenu.

lation prouvent qu'elle y fut d'une pratique très-fréquente. Ceci se comprend sans peine lorsque l'on considère qu'il pouvait y avoir pour le citoyen romain tant de raisons d'y recourir. C'était un moyen de raviver une famille glorieuse près de s'éteindre faute de rejetons; l'on conservait ainsi et l'on perpétuait les rites du *sacra privata ;* l'ambition des honneurs et des charges publiques pouvait y trouver un moyen de se satisfaire; un plébéien, dans les premiers temps de Rome, se faisait adopter par un patricien pour pouvoir briguer le consulat ; à l'inverse, un patricien se faisait adopter par un plébéien pour se faire élire tribun du peuple. Enfin, plus tard, on se créait par l'adoption une postérité fictive, afin d'échapper aux incapacités prononcées par les lois caducaires contre ceux qui n'avaient pas d'enfants (1). De plus, l'adoption n'était-elle pas un moyen de remettre en puissance le fils qui en était sorti? Le père ne pouvait-il pas s'en servir aussi pour faire entrer en sa puissance celui que des circonstances tout à fait particulières à l'organisation de la famille romaine avaient fait naître hors de sa puissance et dans une autre famille ?

Il y eut à Rome deux sortes d'adoptions : l'adrogation ou l'adoption d'une personne *sui juris,* et l'adoption proprement dite, ou l'adoption d'une personne *alieni juris.*

(1) Un sénatus-consulte, porté sous Néron, vint réprimer cet abus (Tacite, *Annales,* liv. xv, tit. 19).

Malgré les points nombreux de ressemblance entre l'adrogation et l'adoption, il nous a paru plus simple d'étudier séparément l'une et l'autre. C'est pourquoi nous traiterons d'abord l'adoption proprement dite, et nous passerons ensuite à l'adrogation.

CHAPITRE PREMIER.

DE L'ADOPTION PROPREMENT DITE.

Avant la constitution de Justinien dont nous avons déjà parlé, l'adoption proprement dite peut être définie un acte solennel par lequel une personne *alieni juris* passe de la puissance de son *pater-familiàs* sous la puissance de celui qui l'adopte.

Cette adoption produit donc un double effet : dessaisissant de la puissance paternelle celui qui donne en adoption, elle en investit le père adoptif. Mais comment ce double effet se produira-t-il ? Comment atteindra-t-on ce double résultat ?

Section 1. — *Comment se forme l'adoption.*

Primitivement, il n'y avait pas de moyen direct pour faire sortir un enfant de la puissance paternelle, tandis qu'il en existait pour faire sortir l'esclave de la puissance dominicale. On prenait alors un détour. La loi des Douze Tables portait : *Si pater filium ter venumduit, filius à patre liber esto.* Voici comment on interprétait cette disposition : Si un père avait mancipé son fils à un citoyen, et que celui-ci l'eût affranchi *vindictà*, ce fils ne devenait pas *sui juris*, mais retombait au pouvoir de son père. Si son père l'avait mancipé de nouveau, et que le nouvel acquéreur (le même citoyen ou un autre) l'eût encore affranchi, ce fils retombait de nouveau au pouvoir de son père. La puissance du père ne se trouvait épuisée que lorsqu'il avait mancipé son fils pour la troisième fois, de sorte que si, après cette mancipation, il eût été affranchi de nouveau, il se fût trouvé *sui juris*. Mais, de ce que la loi des Douze Tables parlait seulement du fils, on avait conclu que, pour les autres descendants du *pater-familiâs*, filles, petits-fils ou petites-filles, une seule mancipation suffisait, de sorte qu'après cette mancipation, la puissance paternelle avait cessé.

Ainsi, après trois mancipations pour les fils et une mancipation pour les autres descendants, le *mancipium* de l'acheteur remplaçait la puissance paternelle de celui qui donnait en adoption. Mais les rapports de paternité et de filiation civiles civiles étaient encore à créer. Voici comment on les faisait naître :

Le *filius-familiâs* était rémancipé à son *pater-familiâs* : puis on recourait à l'*in jure cessio*, procès fictif en revendication, dans lequel l'adoptant revendiquait devant le magistrat l'enfant comme sien : le père naturel et l'adopté ne contredisant pas sa prétention, le magistrat *addicebat*, rendait une décision conforme, et par la force de la chose jugée, l'adopté se trouvait civilement sous la puis sance paternelle de l'adoptant. Gaïus, dans ses *Commentaires* (§ 134), parle encore d'une autre manière de faire naître la *patria potestas* : « .. Aut jure mancipatur patri… mancipatione est. » Le reste du manuscrit en cet endroit se trouve illisible On s'est perdu en conjectures sur ce second mode d'adoption, qui ne devait différer du premier que pour ce qui se passait après les trois mancipations ou la mancipation unique. Au reste, Gaïus ajoute que le premier mode était préférable.

Ces modes fictifs et détournés, employés pour arriver à l'adoption, furent expressément abrogés par Justinien. Dès lors, l'adoption proprement dite a lieu *imperio magistratûs;* il suffit, pour qu'elle se forme, que celui qui donne en adoption, l'adopté et l'adoptant se rendent en présence du magistrat compétent, et qu'alors, l'adoptant et l'adopté ne contredisant pas, celui qui se donne en adoption manifeste clairement son intention (Cod. l. 11 *de adopt.*).

Dans le droit primitif, le père naturel et l'adoptant devaient exprimer formellement leur volonté, puisque l'un et l'autre jouaient un rôle dans la mancipation, et que l'adoptant devait faire une revendication fictive de l'adopté. Toutefois, si celui qui donnait en adoption n'avait pu parler, bien qu'il pût d'ailleurs manifester son consentement, cette adoption était confirmée comme faite suivant le droit (Dig. l. **29** *de adopt.*). Depuis Justinien, le père naturel doit toujours manifester sa volonté, mais on se contente du consentement tacite de l'adoptant. Quant à l'adopté, ce qui est principalement requis, ce n'est pas précisément qu'il consente, mais l'absence de dissentiment ; *etiam infantem in adoptionem dare possumus*, nous dit Modestin (l. 42 *hoc tit.*).

Le consentement de l'adoptant, celui du *paterfamiliás* qui donne en adoption et l'assentiment tacite ou présumé de l'adopté ne suffisent pas toujours. L'adopté, en effet, peut entrer dans la famille adoptive ou comme fils, ou comme petit-fils. Y entre-t-il comme petit-fils ? Il peut acquérir cette qualité sans désignation de père (*quasi incerto natus*), et par suite, être civilement le neveu de tous les fils de l'adoptant : il se trouve dans la même position qu'un petit-fils dont le père serait prédécédé. Il peut donc être adopté comme petit-fils, encore bien que l'adoptant n'ait pas eu de fils. Mais l'adopté peut aussi, en acquérant la qualité de petit-fils de l'adoptant, acquérir en même temps celle de fils de tel fils de celui qui l'adopte (*quasi ex filio natus*). L'adoption se trouve alors créer, entre l'adopté et le fils de l'adoptant, une véritable relation de filiation et de paternité civiles, avec toutes les conséquences qui en résultent, d'après la constitution de la famille romaine. Il est juste qu'un tel effet ne puisse se produire sans le consentement d'une partie aussi intéressée que le fils.

appelé à la paternité civile. Ce consentement es tellement nécessaire que, s'il n'est pas obtenu, celui qui est adopté comme petit-fils ne doit pas tomber, à la mort de l'adoptant, sous la puissance du fils de ce dernier (D. l. 11 *de adopt.*).

L'adoption n'exige pas d'autres consentements. Le *pater-familiâs* donne-t-il son petit-fils en adoption, brisant ainsi la relation civile qui existe entre cet enfant et son père, enlevant aux droits du sang tous les droits civils que la loi y avait attachés ? La seule volonté de l'aïeul et le non-dissentiment de l'adopté suffisent : la volonté du père de cet enfant n'est pour rien dans cette modification de la famille.

L'adopté, en entrant dans la famille adoptive, devient l'agnat de tous les agnats de l'adoptant, et peut, dans la suite et dans certaines circonstances données, devenir leur héritier intestat. Les agnats de l'adoptant pourraient donc, jusqu'à un certain point, paraître devoir être consultés : cependant leur consentement n'est nullement exigé (D. l. 7 *de adopt.*). Peut-être le législateur romain a-t-il pris en considération la facilité avec laquelle l'agnat de l'adoptant peut empêcher l'adopté d'arriver à son hérédité ?

Comme primitivement on recourait, pour adopter, à *l'in jure cessio*, la présence de l'adoptant, de l'adopté et de celui qui donnait en adoption était nécessaire ; et comme les *actus legitimi* ne pouvaient se faire *per procuratorem*, on ne pouvait suppléer à l'absence de l'une des parties. Dans la suite, la nécessité de cette présence en personne des parties intéressées put avoir perdu sa raison d'être : elle n'en resta pas moins maintenue, même par la législation de Justinien (D. 1. 24 et 25 *de adoption.* et l. 123 *de regulis juris*).

L'adoption n'admet ni terme ni condition (D. 1. 34 *de adoption.*); la qualité de fils ne se prête guère à ces modalités ; l'adoption, du reste, que l'on regardait comme l'image de la nature, ne pouvait les souffrir davantage. D'un autre côté, pour arriver à l'adoption, on devait primitivement recourir à *l'in jure cessio;* or les *actus legitimi* ne souffrent ni termes, ni conditions, *et in totum vitiantur per temporis vel conditionis adjectionem* (D. 1. 77 *de reg. jur.*).

Examinons maintenant quel était le magistrat devant lequel devait se faire l'adoption des personnes *alieni juris.*

Primitivement, l'adoption se formait par un *actus legitimus :* il fallait donc qu'on s'adressât à un magistrat qui avait la *plena legis actio* (c'est-à-dire devant lequel on pouvait intenter les actions de la loi). Telle fut en effet la règle. Ainsi l'on devait recourir, à Rome, aux consuls ou aux préteurs; en province (car cette adoption pouvait s'y faire), au président, proconsul ou président proprement dit, suivant qu'il s'agissait d'une province du sénat ou d'une de César. Mais observons qu'on ne pouvait adopter devant le président proprement dit, que lorsqu'il se trouvait dans la province où l'empereur l'avait envoyé, tandis qu'on pouvait adopter devant le proconsul, alors même qu'il ne se trouvait pas dans la province que le sort lui avait donnée à administrer : il conservait sa juridiction volontaire tant qu'il n'était pas rentré dans Rome (D. l. 36, § 1 *de adoption.*, l. 3 *de offic. præsid.*, et l. ultim. *de offic. proconsulis*). En principe, les magistrats municipaux n'ayant pas la *legis actio*, l'on n'aurait pu adopter devant eux ; mais l'avaient-ils par suite de quelque privilége exceptionnel, ils devenaient compétents pour l'adoption (Paul, *Sent.* l. 2, tit. 25 § 4.)

Ces règles se retrouvent intactes dans la législation justinienne.

Le jurisconsulte Paul (D. l. **3** *de adopt.*) nous apprend que si un consul ou un président de province est fils de famille, il peut être émancipé, ou donné en adoption *apud semetipsum.* Dans la loi suivante, Modestin nous dit que, suivant Nératius, le magistrat qui a la *plena legis actio* peut *apud se* donner ses enfants en adoption. Enfin d'après Ulpien (D. l. **2** *de offic. præsid.*), le président peut adopter *apud se.* Il résulte donc de ces textes que pardevant lui-même, le magistrat compétent peut adopter, donner en adoption ou être adopté. Mais ces textes ne sont-ils pas en contradiction avec la loi 13, § 4 *in fine, ad senatusconsultum Trebellianum* et la loi 9 *princ. de pactis* au Digeste. La première nous dit que le préteur *triplici officio fungi non potest;* la seconde ajoute : ***difficile est*** *ut unus homo duorum vicem sustineat.* Or, dans chacune des trois hypothèses précitées, le magistrat ne joue-t-il pas un rôle comme magistrat, et de plus n'est-il pas l'une des trois personnes qui doivent participer à l'adoption? Selon nous, l'antinomie n'est qu'apparente (Voir la 1ᵉ position).

Rien ne peut suppléer à l'accomplissement des formes solennelles exigées pour l'adoption, et l'acte spécial même, rédigé par un tabellion, serait sans valeur juridique (C. 1. 4 *de adoption.*). Mais une adoption qui n'a pas été faite suivant le droit peut être confirmée par le prince (Dig. 1. 38 *de adoption.*). Toutefois, cette confirmation n'aura lieu que *cognitâ causâ,* et après que les juges auront entendu les parties intéressées à s'y opposer (1. 39, *hoc tit.*).

SECTION II. — *Quelles sont les conditions de l'adoption.*

La matière, envisagée sous ce point de vue, peut être divisée en trois parties. Nous pouvons considérer successivement les conditions que doivent réunir, pour concourir à l'adoption, et celui qui veut adopter, et celui qui donne en adoption, et le sujet passif de l'adoption.

1° Pour pouvoir adopter, il faut d'abord et avant tout être citoyen romain, car l'adoption confère à l'adoptant la puissance paternelle que peut seul posséder un citoyen romain ; mais il importe peu que ce citoyen soit affranchi ou ingénu.

Il faut que l'adoptant soit *sui juris* ; et, en effet, si un citoyen *alieni juris* pouvait adopter, il n'acquerrait pas pour lui la puissance paternelle ; il l'acquerrait tout au plus à celui sous la puissance duquel il se trouverait. D'un autre côté, il introduirait un membre dans la famille de ce dernier, et sans sa participation, ou peut-être malgré lui, résultat évidemment inadmissible et contraire au but même de l'adoption.

Bien que l'adoption imite la nature, il n'est pas nécessaire que l'adoptant se soit marié (Dig. l. 30 *de adoption.*). On admet même que le *spado* peut adopter, mais l'adoption n'est pas permise aux castrats (1).

L'adoptant doit être plus âgé que l'adopté. Ce point fut l'objet d'une vive controverse : sous la fin de la République, un sénateur du nom de Clodius, s'était fait adopter par un plébéien plus jeune que lui pour pouvoir aspirer au tribunat. Cicéron, dans un discours prononcé devant le collége des Pontifes, demanda énergiquement la nullité de cette adoption. Du temps de Gaïus, la question n'était pas encore tranchée (*Comm.* i, § 106). Mais Justinien la décide formellement : «L'adoption, dit-il, imite la nature, et il serait monstrueux que le fils fût plus âgé que son père. » Donc, celui qui adopte ou qui adroge doit avoir une puberté pleine, c'est-à-dire dix-huit ans de plus que son fils. Mais

____

(1) Quelques siècles plus tard, la novelle 26 de l'empereur Léon la leur permit.

si l'adopté entre dans la famille comme petit-fils,
l'adoptant, tel est du moins l'avis de plusieurs auteurs, doit avoir de plus que lui deux fois la puberté pleine.

Enfin, pour compléter le tableau des conditions
exigées de l'adoptant, citons le jurisconsulte Paul
(**D. l. 37 § 1** *de adopt.*) : « Eum quem quis adoptavit, emancipatum vel in adoptionem datum, ite-
rum non potest adoptare. » Signalons ensuite un
texte d'Ulpien, qui paraît au premier coup d'œil
se trouver en contradiction avec cette doctrine ;
c'est la loi 12 du même titre : « Qui liberatus est
patriâ potestate , is posteà in potestatem honestè
reverti non potest, nisi adoptione. » D'un côté, a-
t-on fait sortir quelqu'un de sa puissance soit en
l'émancipant, soit en le donnant en adoption,
on ne peut plus l'adopter ; d'un autre côté, ce
n'est qu'en l'adoptant qu'on peut faire rentrer
sous la puissance paternelle celui qui en est sorti.
Comment concilier ces deux textes ? Il suffit d'observer que la loi 37 § 1, s'occupe du *père adoptif*
qui fait sortir l'adopté de sa puissance : celui-là,
dit-elle, ne pourra plus l'adopter. C'est ce que
prouve le commencement de ce texte : « Eum
quem quis *adoptavit.* » La loi 12, au contraire,
suppose un père naturel qui a fait sortir son fils
de sa puissance : elle lui permet de l'y faire rentrer en l'adoptant.

En principe, les femmes ne peuvent adopter,
parce qu'elles n'ont pas la puissance paternelle

même sur leurs enfants. Toutefois, une constitution de Dioclétien (C. l. 5 *de adopt.*) leur permet d'adopter *in solatium liberorum amissorum*, mais ce n'est en quelque sorte qu'une adoption *sui generis* : ne pouvant avoir lieu (Instit., § 10, *hoc tit.*), sur quelque personne qu'elle porte, qu'avec la permission de l'empereur, elle met l'adopté, vis-à-vis de celle qui l'adopte, dans la même position qu'un enfant vis-à-vis de sa mère (1).

2° A quelle condition peut-on donner une personne en adoption ? On peut répondre avec raison qu'il suffit qu'on l'ait sous sa puissance paternelle : il n'y a pas lieu, en effet, de distinguer si celui qu'un père de famille veut donner en adoption se trouve ou non sous sa puissance immédiate, si c'est son fils, son petit-fils ou son arrière petit-fils, si son père consent ou non à l'adoption.

3° Quelles personnes peuvent être données en adoption ? Toute personne *alieni juris*, de quelque sexe qu'elle soit, qu'elle ait ou non atteint l'âge de puberté, quand même elle serait *infans* (D. l. 42 *de adopt.*).

Ici se place naturellement la question de savoir si un esclave peut être donné en adoption. Remarquons d'abord que jusqu'à présent nous avons traité de l'adoption, comme si elle avait lieu entre

___

(1) La novelle 27 de l'empereur Léon permit ce genre d'adoption à toutes les femmes, sans distinguer si elle avait ou non perdu ses enfants, si elle s'était ou non mariée : l'autorisation de l'empereur ne fut plus exigée, et celle du magistrat du lieu fut regardée comme suffisante.

personnes libres et jouissant des droits de cité : nous avons préféré, pour tout ce qui pouvait incidemment avoir trait à cette question, nous reporter à la législation justinienne telle qu'elle est tracée dans les Instituts, nous réservant d'examiner en son lieu quel a pu être le droit antéjustinien par rapport à l'adoption des esclaves. Cette question se trouve diversement résolue par nos maîtres : les uns enseignent que l'adoption d'un esclave ne valait pas comme telle, mais que Caton la regardait comme suffisante pour donner la liberté à l'esclave adopté ; d'autres professent que l'adoption dont parle Caton était probablement efficace et qu'elle était sans doute valable comme adoption. Cette dernière opinion nous paraît préférable (Voir la **2**^e position). Sous Justinien, l'on doit admettre que l'adoption ne vaut pas comme telle, mais qu'elle affranchit l'esclave.

Avant d'étudier les effets de l'adoption, examinons la législation romaine sur l'adoption d'un fils naturel (1) par son père. Peut-être aurions-nous mieux fait de traiter cette question dans la matière de l'adrogation : le fils naturel, en effet, naît *sui juris* : or l'adoption d'un citoyen *sui juris* constitue une adrogation. Ce point de vue ne manque pas de justesse, mais il peut aussi se faire qu'un

(1) Ici et par exception, *fils naturel* signifie *natus ex concubinatu :* dans le restant de notre travail, nous n'avons employé et nous n'emploierons cette expression que par opposition aux *fils adoptifs* et pour désigner les enfants procréés en justes noces.

fils naturel adrogé par un autre que son père, lui soit ensuite donné en adoption : l'adoption vaudra-t-elle? La question peut donc aussi bien se présenter pour l'adoption proprement dite que pour l'adrogation.

Pendant presque toute la durée de la législation antéjustinienne, cette adoption se trouve permise : elle est même rangée au nombre des modes de légitimation des enfants naturels. Ulpien (D. 1. 46 *de adopt.*), donne même cette décision pour le cas où le fils serait né dans la servitude. Anastase (C. 1. 6 *de natural. liberis*) permet expressément l'adoption des enfants naturels : mais Justin (l. 7, *eod. tit.*), tout en maintenant la validité de ces sortes d'adrogation et d'adoption antérieures, les défend à l'avenir. « In postremum verò sciant omnes legitimis matrimoniis legitimam posteritatem quærendam, ac si prædicta constitutio lata non esset. » Enfin Justinien (Nov. 74, cap. 3) confirme la prohibition posée par cette constitution.

Section III. — *Quels sont les effets de l'adoption à l'égard des enfants adoptifs.*

Nous allons examiner ces effets, en nous reportant surtout au droit des Pandectes et en laissant provisoirement de côté la constitution de Justinien dont nous avons déjà parlé.

L'effet principal de l'adoption, celui dont tous les autres découlent, est de transporter un membre d'une famille dans une autre, de briser le lien d'agnation qui unissait ce membre à une famille pour l'attacher à une nouvelle famille par un lien tout à fait semblable. Par cet acte, un membre disparaît en quelque sorte d'une famille, et avec lui disparaissent tous les droits et les devoirs civils que sa présence y avait fait naître : à l'inverse, il est pour ainsi dire né civilement un nouveau membre dans une autre famille, et l'entrée de ce membre y a créé de nouveaux droits et de nouveaux devoirs.

A ce point de vue, l'effet de l'adoption est double : aussi devrons-nous le considérer sous deux aspects différents : sous le rapport des droits acquis par l'adopté dans sa nouvelle famille ; puis sous le rapport de la position modifiée que l'adoption lui a faite dans sa famille naturelle.

§ 1. — Situation des enfants adoptifs à l'égard de leur famille adoptive.

L'adoption n'a pas un effet purement personnel : elle ne crée pas seulement un lien entre l'adoptant et l'adopté ; elle en crée un entre l'adopté et toute la famille civile de l'adoptant : civilement, l'adopté acquiert le titre de fils ou de petit-fils de l'adoptant, avec des conséquences identiques à celles qui se produiraient s'il était réellement son fils ou son petit-fils. Par l'adoption, il devient l'agnat de tous les agnats de l'adoptant : il acquiert dans l'agnation identiquement le même degré que s'il était le fils ou le petit-fils de celui qui l'a adopté. Et cette agnation produira civilement tout à fait les mêmes effets que si elle était la conséquence et la consolidation de la parenté naturelle. Tel est du moins le principe : nous verrons par la suite s'il ne subit pas quelques restrictions.

Ce nouveau lien de parenté civile formé par l'adoption, peut être, selon nous, regardé comme la cause du changement de nom de l'adopté. En effet, d'après l'organisation de la famille romaine, les agnats portent tous le même nom : il eût donc été irrégulier de voir un agnat qui ne le portât point. Sans justifier davantage cette considération, disons que l'adopté prend le nom de l'adoptant, et ne conserve celui de sa famille naturelle qu'en le transformant par la terminaison *ianus*. Emile, adopté par Scipion, s'appelle *Scipio Æmilianus*.

Et d'abord, avant de passer aux autres effets produits par l'introduction de l'adopté dans sa nouvelle famille, rappelons qu'il y prend identiquement la même place que s'il provenait de justes noces. Ainsi, a-t-il été adopté comme fils, il est civilement le frère de tous les autres fils de l'adoptant, l'oncle de tous les petits-fils de l'adoptant par les mâles, mais point par les femmes : les petits-fils par celles-ci ne sont que les cognats de l'adoptant ; or, l'adopté devient l'agnat de tous les agnats de l'adoptant, mais il ne se rattache nullement à ceux qui ne tiennent à l'adoptant que par le lien de cognation. De même, l'adopté est-il entré dans la famille comme petit-fils, il faut examiner s'il a cette qualité *quasi ex incerto natus*, ou s'il s'y trouve *quasi ex filio natus*. Dans le premier cas, tous les fils de l'adoptant sont pour lui civilement des oncles, et tout se passera dans la famille comme si le père de ce prétendu petit-fils était prédécédé. Dans la seconde hypothèse, il sera traité comme s'il était le fils du fils de l'adoptant qui est intervenu à l'adoption, et tout se passera identiquement de la même manière que s'il avait réellement cette qualité.

Signalons, comme première application de ce principe, les prohibitions de mariage pour cause du lien d'agnation entre l'adopté et ses nouveaux agnats dans la ligne ascendante, ou dans la ligne collatérale au degré d'oncle, de tante, de neveu ou de nièce. Ces prohibitions forment un tel obstacle au mariage, que si quelqu'un, après le mariage de sa fille, veut adopter son gendre, il doit commencer par émanciper sa fille (Inst. § 2 *de nuptiis*).

En cette matière, notre principe se trouve même dépassé. Bien que la femme de l'adoptant ne soit pas, généralement, l'agnate de l'adopté, il ne pourra y avoir *connubium* entre eux dans le cas où le mariage de cette femme viendrait à se dissoudre. La prohibition existera aussi entre la mère de l'adoptant et l'adopté (D. 1. 55 § 1 *de ritu nuptiarum*). Réciproquement, l'adoptant ne pourra jamais épouser celle qui aura été la femme de ses fils adoptifs (l. 14 *hoc.tit.*).

Parmi les effets les plus saillants qui résultent du principe que l'adopté occupe dans sa nouvelle famille la place qu'il y aurait eue s'il s'y était trouvé naturellement, remarquons la puissance paternelle que l'adoptant acquiert sur celui qu'il adopte. L'adopté est soumis à cette puissance paternelle identiquement de la même manière que s'il était né dans la famille adoptive. Adopté comme fils, il deviendra naturellement *sui juris* par la mort de l'adoptant ; adopté comme petit-fils, il le deviendra de même s'il a été adopté sans père déterminé : que s'il a eu pour père déterminé un fils de l'adoptant ayant consenti à l'adoption, il passera, à la mort de l'adoptant, sous la puissance de ce fils qui est regardé comme son père : il se sera donc trouvé seulement sous la puissance médiate de celui qui l'a adopté.

Observons que lorsque l'adopté devient *sui juris* par la mort de l'adoptant, et, dans certains cas, par la mort de l'adoptant et de son fils, il n'en reste pas moins dans la famille adoptive : et, bien que la puissance paternelle, un des principaux effets de l'adoption, se trouve dissoute, il reste dans la famille adoptive tout aussi bien qu'un fils reste dans la famille de son père lorsque la mort de celui-ci le rend *sui juris*.

La puissance paternelle pourra ne pas se borner à la personne de l'adopté. En effet, soit que l'adopté soit marié avant son adoption, soit qu'il contracte mariage dans la suite, tous ses enfants légitimes conçus postérieurement à son adoption feront partie de la famille adoptive : ils se trouveront sous la puissance paternelle de l'adoptant. Civilement, ils occuperont dans la famille adoptive le même rang que si leur père avait toujours appartenu à cette famille, et lui avait appartenu aussi bien par les liens du sang que par le lien civil. Partant, à la mort de l'adoptant, ils passeront sous la puissance immédiate de l'adopté. De plus, et c'est même un nouvel effet de l'adoption qu'il importe de constater, ces enfants resteront, d'après le droit civil, étrangers à la famille naturelle de leur père.

La puissance paternelle que la loi confère à l'adoptant se trouve être, à toutes les époques de la législation romaine, entièrement semblable à celle que l'adoptant eût acquise sur les enfants qu'il eût procréés en justes noces; elle en produit identiquement les mêmes effets. D'où il suit que, si l'adopté vient à se marier après l'adoption, il devra s'adresser à l'adoptant pour en obtenir le consentement à son mariage. Du reste, ceci est bien conforme aux règles sur la puissance paternelle : les enfants qui doivent naître de l'adopté sont appelés à faire partie de la famille de l'adoptant, et nul ne peut entrer dans la famille d'une personne malgré elle.

Par application des principes sur la matière,

nous déciderons encore, que si l'adopté est régulièrement entré dans la famille adoptive comme *nepos* de l'adoptant avec un des fils de celui-ci comme son père, outre le consentement de l'adoptant, à son mariage, il lui faudra encore celui de son fils, puisqu'il pourra plus tard tomber sous sa puissance avec les enfants qui naîtront de son mariage.

Une autre déduction, tirée du principe que l'adoption confère à l'adoptant une puissance paternelle identique à celle du père naturel, nous permet de dire qu'aux diverses époques de la législation romaine, toutes les règles relatives à l'acquisition des pères de famille par les personnes sous leur puissance paternelle s'appliquent aussi bien aux fils adoptifs qu'aux fils naturels; primitivement, acquisition d'une manière absolue par le père de famille de tout ce qui était acquis par les personnes en puissance; puis modification de ce principe par l'introduction du pécule castrense, et plus tard du pécule quasi-castrense; puis, sous le Bas-Empire, nouvelle restriction par la distinction du pécule adventice; enfin extensions diverses du pécule adventice : tout cela change quant aux effets aussi bien la puissance paternelle produite par l'adoption que celle qui atteint les enfants nés en justes noces. C'est pourquoi si l'adopté se trouve avant l'adoption être propriétaire d'un pécule castrense et d'un pécule quasi-castrense, ou bien de l'un d'eux, il conservera ces pécules, comme s'il était resté dans sa famille naturelle; et l'adoptant acquerra dessus les droits éventuels qu'avait auparavant le père naturel. Mais remarquons qu'à partir du moment où les constitutions impériales permirent aux fils de la famille de disposer par testament de l'un de ces pécules, le testament fait par l'adopté antérieurement à son adoption devient *irritum* par suite de la *minima capitis deminutio* du testateur : toutefois si l'adopté est un militaire, son testament antérieur à l'adoption vaudra par une faveur spéciale *quasi ex novâ voluntate* (D. 1. 22 *de testamento militis*).

Quant au pécule adventice, l'usufruit en passera au père adoptif avec les autres droits qu'avait dessus le père naturel. Mais ces droits seront-ils absolument les mêmes ? Si le pécule adventice est *irrégulier* vis-à-vis du père naturel, parce que celui-ci n'a pas voulu faire adition de l'hérédité déférée à son fils, et que ce fils par suite ait en pleine propriété cette partie du pécule adventice (C. 1. **8** *pr. de bonis quæ in liberis*), devra-t-on décider que le père adoptif sera à son tour privé de l'usufruit de cette partie du pécule adventice ? Aucun texte ne résout la question : mais il nous semble qu'elle doit être décidée en faveur du père adoptif, car en principe l'usufruit du pécule adventice appartient à celui qui a la puissance paternelle sur le propriétaire de ce pécule : et ce n'a été que par exception et par suite d'un fait personnel au père naturel, son refus de faire adition, qu'il a été privé de

l'usufruit : nous ne pensons pas que ce fait entièrement étranger à l'adoptant puisse venir influer
sur ses droits.

Observons, pour compléter l'indication des effets
de l'adoption par rapport aux pécules de l'adopté,
que si celui-ci lors de son adoption possède un pécule proprement dit ou profectice, ce pécule devra revenir au père naturel, puisqu'il se compose
de biens dont ce père lui a laissé précairement
l'administration.

Parmi les effets ordinaires de la puissance paternelle, qui tous s'appliquent en cas d'adoption,
nous ne pouvons nous empêcher de citer encore
l'impossibilité où se trouve l'adopté d'appeler *in
jus* son père adoptif (D. 1. 8 *de in jus voc.*). Cette
défense a lieu *jure magis potestatis quam præcepto
prætoris ;* en effet l'organisation de la famille romaine dans son principe n'admet pas qu'une obligation civile puisse naître entre un père de famille
et une personne qui lui est soumise : il y a en quelque sorte confusion de personnes juridiques. Mais
à l'égard du pécule castrense qu'aura le fils adoptif,
cette impossibilité juridique cessera puisque pour
ce pécule le fils est réputé père de famille : toutefois, par respect pour le père adoptif, il ne pourra
l'appeler *in jus* qu'avec l'autorisation du magistrat,
laquelle ne lui sera donnée que *cognitâ causâ (hâc
lege).* Quant aux ascendants du père adoptif, l'a-
dopté pourra les appeler *in jus* sans l'autorisation
du magistrat (1. 7 *hoc tit.*) : ces ascendants ne lui

sont en effet attachés par aucun lien, puisqu'ils ne peuvent être que les cognats de l'adoptant, celui-ci n'ayant pu adopter alors qu'il était encore dans leur famille et sous leur puissance.

L'adoption a en outre pour effet d'apporter une profonde modification dans les droits successifs qui peuvent échoir à l'adopté tant dans sa nouvelle famille que dans sa famille naturelle. Nous n'avons à nous occuper maintenant que des droits éventuels de succession qu'il se trouve acquérir dans sa famille adoptive.

Civilement, l'adopté se trouve occuper dans cette famille identiquement le même rang que s'il avait été issu de justes noces : le lien d'agnation que l'adoption produit en sa faveur est tout à fait le même. En principe tout devra donc, d'après le droit civil, se passer en matière de succession comme si l'adopté était réellement le fils ou le petit-fils de l'adoptant.

Ceci posé, il nous sera facile de déterminer les droits qui pourront échoir à l'adopté sur la succession *ab intestat* de l'adoptant.

L'adopté se trouve-t-il dans la famille adoptive en qualité de fils, ou bien en qualité de petit-fils sans père désigné, ou même en qualité de petit-fils avec père désigné parmi l'un des fils de l'adoptant, pourvu qu'alors ce fils soit sorti de la famille ou soit mort avant l'ouverture de la succession *ab intestat ?* Dans ces diverses hypothèses, il est héritier sien de l'adopté : le droit prétorien vient même en sa faveur corroborer le droit civil, et l'admet à la possession de biens *undè liberi*.

Que si l'adopté est entré dans la famille adoptive comme petit-fils de l'adoptant, mais ayant pour père tel des fils de celui-ci, et si ce fils se trouve encore vivant et dans la famille adoptive lors de l'ouverture de la succession *ab intestat* de l'adoptant, il n'a aucun droit à- la succession de celui-ci, attendu qu'il n'était pas sous sa puissance immédiate et qu'il se trouve précédé dans la famille par le fils de l'adoptant qui lui tient lieu de père. Mais aussi lors de la mort de ce fils de l'adoptant, il sera son héritier sien d'après le droit civil et de plus protégé aussi par le droit prétorien qui l'admettra à la possession *undè liberi*.

Il n'y aura pas plus de difficultés à déterminer les droits que pourront avoir sur la succession de l'adoptant les enfants de l'adopté conçus postérieurement à l'adoption. Si l'adopté existe et se trouve encore dans la famille adoptive lors du décès de l'adoptant, ceux-ci n'auront aucun droit à la succession : mais à la mort de l'adopté, ils viendront à sa succession *ab intestat*.

Mais *quid* pour les enfants de l'adopté si celui-ci est mort ou est sorti de la famille adoptive avant l'ouverture de la succession *ab intestat* de l'adoptant? Ils seront les héritiers siens de l'adoptant et viendront à sa succession tout à fait de la même manière que si leur père avait été véritablement le fils de l'adoptant. De même si, l'adopté étant entré dans sa nouvelle famille comme *nepos* avec tel fils de l'adoptant pour père désigné, ce père par adoption est mort ou sorti de la famille adoptive lors de l'ouverture de la succession *ab intestat* de l'adoptant et qu'à la même époque l'adopté soit mort ou sorti de la famille adoptive, les enfants de ce dernier seront les héritiers siens de l'adoptant tout à fait comme si leur père avait été réellement le petit-fils de l'adoptant par tel de ses fils.

Le principe que d'après le droit civil tout devra se passer par rapport à la succession de l'adoptant comme si l'adopté était son fils ou son petit-fils, souffre une grande exception, lorsque l'adoptant se trouve être un affranchi (Inst. *de success. libert.*). Pour bien comprendre cette exception, il faut savoir que d'après la loi des Douze Tables la succession *ab intestat* de l'affranchi appartenait en première ligne à ses héritiers siens, en seconde à son patron, et en troisième aux enfants de son patron : d'où il suivait que lorsque l'affranchi laissait un héritier, même seulement un fils adoptif, le patron se trouvait sans droit sur la succession de son affranchi. Mais dans la suite, le préteur trouvant inique que l'affranchi pût, en adoptant, enlever sa succession à son patron, décida par l'édit que lorsqu'un affranchi ne se serait créé des héritiers siens que par l'adoption, il admettrait le patron à la possession de biens *unde legitimi* pour moitié de la succession.

Cette partie de l'édit s'appliquait aux fils du patron, et à ses petits-fils ou arrière-petits-fils par les mâles ; mais bien que ses filles et ses petites-filles par les mâles eussent d'après la loi des Douze Tables, les mêmes droits que les mâles, cependant le préteur n'avait pas étendu jusqu'à elles les faveurs de son édit. Les patronnes n'avaient pas été mieux traitées.

Tel était l'état de la législation sur ce point lorsque survint la loi Papia. Cette loi, nous apprend Gaïus (*Comm.* III, §§ 46, 49, 50), étendit les dispositions de l'édit en faveur des filles ou petites-filles agnates du patron qui auraient trois enfants. De plus elle donna à peu près (*ferè*) les droits que l'édit avait conférés au patron, à la patronne ingénue qui aurait deux enfants et à celle affranchie qui en aurait trois.

Quelle est sous Justinien la force de ces diverses règles ? Aucun texte ne résout directement la question. D'un côté Justinien, dans une constitution reproduite aux Institutes d'une manière informe (§ 3 *de success. libert.*), traite de la succession des affranchis sans rappeler cette hypothèse : d'où l'on pourrait conclure qu'elle maintient les dispositions du droit prétorien étendues par la loi Papia. D'un autre côté ne serait-on pas fondé à dire que cette constitution ayant établi un nouvel ordre complet de succession d'affranchis, qui peut se suffire à lui-même, on ne doit pas se référer sur ce point à la législation antérieure ? Et même ne pourrait-on pas ajouter que ceci paraît d'autant plus vraisemblable que les Instituts se taisent complétement sur les modifications que la loi Papia fit subir sur ce point au droit prétorien? Enfin, partant du principe d'analogie *entre* la possession *contrà tabulas*, que le droit prétorien accordait au patron sur la moitié de la succession de l'affranchi mort sans enfant naturel et laissant un testament valable *et* la possession *undè legitimi* qui lui était accordée quand l'affranchi mort intestat ne laissait que des enfants adoptifs, ne pourrait-on pas soutenir aussi que la constitution de Justinien accorde encore au patron cette possession, mais seulement pour le tiers de la succession et quand celle-ci s'élève à plus de cent sous d'or? En effet, en cas de testament de l'affranchi mort sans enfant, la constitution n'accorde plus au patron la possession *contrà tabulas* que pour un tiers et seulement dans le cas où le défunt a laissé plus de cent sous d'or.

Voyons maintenant quelle sera l'influence de l'adoption sur le testament de l'adoptant : nous déterminerons par là comment se trouvent sauvegardés les droits successifs que peut avoir l'adopté sur les biens de l'adoptant.

Supposons d'abord que l'adoptant avait testé avant l'adoption. Dans cette hypothèse, si l'adopté entre dans la famille comme fils, ou comme petit-fils *quasi ex incerto natus*, le testament se trouvera rompu *quasi agnatione heredis sui* (Inst. § 1 *quib. mod. test. infirm.*); que si l'adopté entre

dans sa nouvelle famille comme petit-fils de l'a-
doptant, mais avec tel de ses fils pour père, le testament de l'adoptant ne se trouvera pas rompu,
puisque par là il ne lui sera survenu personne
sous sa puissance immédiate. Mais la rupture du
testament pourra avoir lieu ultérieurement si, par
suite de l'adoption, de l'émancipation ou de la
mort du prétendu père de l'adopté, celui-ci se
trouve sous la puissance immédiate du testateur.

Le testateur aurait-il pu, en testant, prévenir la
rupture de son testament pour cette cause ? Gaïus
(*Comm.* ii, 138) semblait nous dire que non, puisque le testament, selon lui, se trouvait alors rompu
omni modo : il aurait donc peu importé que le
testament eût contenu l'institution ou l'exhérédation de ces héritiers siens survenus postérieurement par adoption. Mais Papinien (D. 1. **23** § 1
de lib. et posthum.) et Scævola (D. 1. 18 *de in-
justo testam.*) admettaient que la rupture du testament n'avait lieu dans aucune de ces hypothèses
quand le nouvel héritier sien survenu dans la famille avait été institué d'avance. Cette dernière
opinion explique pourquoi dans le § 1 *in fine* des
Institutes (*quib. mod. testam. infirm.*), copié dans
Gaïus (*loc. cit.*), on a retranché *omni modo*, comme
posant la règle de rupture du testament d'une manière trop absolue. Papinien va même plus loin :
il suppose (D. 1. 23 *pr. de liber. et posth.*) qu'un
père, après avoir émancipé son fils, l'a exhérédé,
puis l'a adrogé ; il ajoute alors : *exheredationem*

anteà scriptam nocere dixi. Le testament, selon lui, ne se trouve donc pas rompu par cette adrogation.

Si l'adoptant fait son testament postérieurement à l'adoption, par application de la règle fondamentale qui assimile l'adopté au descendant naturel qui occuperait le même rang dans la famille, nous dirons avec les Institutes (§ 4 *de exhered. liber.*), qu'on devra suivre pour lui les mêmes règles quant à l'exhérédation ou l'institution, que s'il était né de justes noces. Ainsi donc, avant Justinien il y avait nécessité, si l'adopté était sous la puissance immédiate du testateur, de l'instituer ou de l'exhéréder. S'il s'y trouvait comme fils, l'exhérédation, pour être valable, devait être nominative : d'un autre côté son omission, en pareil cas, eût empêché le testament de valoir. Si l'adopté était du sexe féminin ou avait la qualité de petit-fils, il suffisait d'une exhérédation *inter cæteros ;* en cas d'omission alors, il y eût eu lieu au *jus accrescendi* en faveur des omis. Sous Justinien, les adoptés, sous la puissance immédiate du testateur doivent tous sans distinction être institués ou exhérédés nominativement à peine d'infirmation du testament (Inst. *pr. de exhered. liber.*). Par exception, leur simple omission suffit dans le testament que l'adoptant fait comme militaire et en campagne.

Enfin, puisque l'adopté et ses descendants conçus après l'adoption occupent dans la famille adoptive le même rang que si l'adopté y était né de justes noces, les diverses règles relatives aux posthumes et introduites successivement dans la législation romaine devront être observées chaque fois que cette fiction du droit civil donnera lieu de les appliquer.

En supposant maintenant que le testament fait par l'adoptant est valable, ou même que, ne valant pas d'après le droit civil, il se trouve en principe assez protégé par le droit prétorien pour donner lieu à la possession *secundùm tabulas* en faveur des institués, nous avons à nous demander si l'adopté héritier sien pourra intenter la *querela inofficiosi testamenti. Quid* aussi si le testateur a laissé à cet adopté moins que la part légitime de ce qu'il aurait eu *ab intestat?* Ici encore les solutions se trouvent dans le principe qui domine notre matière, à savoir que l'adopté occupe dans la famille adoptive la même place que s'il s'y était trouvé par suite de justes noces. Ainsi l'adopté héritier sien qui aura été exhérédé sans justes motifs par l'adoptant, pourra intenter la *querela*. Mais le pourra-t-il s'il n'a été qu'omis par le testateur? Evidemment non, puisque la *querela* est une ressource extrême qui ne doit être employée qu'à défaut d'autres moyens : or, dans le droit justinien, lorsqu'un héritier sien se trouve omis dans un testament, il est admis à la possession *contrà tabulas ;* dans le droit antérieur, cette ressource n'existait que pour le fils omis ; les filles ou les petits-fils omis avaient alors la ressource du *jus accrescendi ;* il ne leur était donc pas non plus permis de recourir à la *querela.*

L'adopté *ex tribus maribus* n'aura pas non plus la *querela.* En effet, d'après un sénatus-consulte sabinien, qu'Haubold place sous le règne de Marc Aurèle, lorsque le père de trois enfants mâles donne l'un d'eux en adoption, l'adopté se trouve avoir un droit assuré sur un quart des biens de l'adoptant ; il n'a donc pas besoin de recourir à la *querela.*

Par application de la même règle nous déciderons aussi que, dans le droit justinien, l'adopté héritier sien de l'adoptant se trouvant son légitimaire aura droit à l'action en complément du quart de ce qu'il aurait eu *ab intestat,* si l'objet qui lui a été légué ou pour lequel il a été institué se trouve de moindre valeur. Toutefois, par suite des modifications apportées par les Novelles sur cette matière, la légitime devient de la moitié des biens dans le cas où le testateur laisse plus de quatre enfants et du tiers des biens dans le cas où il en laisse quatre ou moins (Nov. 118, cap. 1).

Dès que la *querela inofficiosæ donationis* fut introduite dans la législation romaine, ce qui ne paraît avoir eu lieu qu'au troisième siècle de l'ère chrétienne, elle dut probablement pouvoir être invoquée par les enfants adoptifs.

Nous en sommes arrivé au moment d'examiner les droits éventuels qui peuvent échoir à l'adopté

sur la succession des agnats de l'adoptant. Ces
droits sont faciles à indiquer. En entrant dans une
nouvelle famille par la voie de l'adoption, l'adopté
vient y occuper un rang déterminé qui le fait traiter
identiquement de la même manière que s'il était
réellement le fils de l'adoptant ; il aura donc sur
les successions des agnats de son père adoptif tout
à fait les mêmes droits que s'il était son fils ou son
petit-fils naturel. Par exemple, l'adopté est-il entré
dans sa nouvelle famille comme fils de l'adoptant,
il pourra venir à la succession des fils naturels ou
adoptifs de l'adoptant, comme s'il était réellement
leur frère : comme un véritable frère, il pourra
même intenter la *querela* au cas où le testament
de l'un deux l'aurait dépouillé, *turpibus personis
scriptis heredibus* (Inst. § 1 *de inoff. testam.*). Il
pourra, son père adoptif étant prédécédé, venir à la
succession du frère de son père, et ainsi de suite.
Dans les différents cas où la loi civile l'appellera à
la succession de l'un des agnats de son père adoptif, le droit prétorien viendra en outre le protéger
en l'admettant à la possession *undè legitimi*, à
moins qu'il ne l'admette même à la possession
undè liberi, ce qui pourra se rencontrer. Ainsi
quelqu'un a été adopté comme petit-fils de l'adoptant, mais avec tel des fils de celui-ci pour père : si,
l'adoptant étant prédécédé, ce fils désigné vient à
mourir intestat, l'adopté viendra bien à la succession de celui-ci, mais il sera mieux traité qu'un
agnat plus éloigné ; il sera traité avec la qualité de

fils qu'il possède d'après le droit civil, et le préteur l'admettra à la possession *undè liberi.*

L'adoption ne faisant naître qu'un pur lien civil
entre l'adop,ant et l'adopté, celui-ci se trouve bien
rattaché par là à tous les agnats de l'adoptant,
mais, à part les exceptious relatives à certaines
prohibitions de mariage, il continue de rester
étranger aux personnes qui ne tiennent à l'adoptant que par le lien de la parenté naturelle; d'où
il suit qu'il n'aura jamais de droits de succession
à faire valoir sur les biens de ces derniers, à moins
qu'il ne se trouve lui-même être leur parent naturel. Cette restriction est nécessaire : l'hypothèse
qu'elle prévoit se rencontrera même fréquemment.
Supposons qu'un fils émancipé donne en adoption
à son père un enfant conçu depuis son émancipation : l'adopté deviendra l'agnat de tous les parents
de son aïeul, et il se trouvera aussi cognat des cognats de son aïeul ; mais cette cognation, remar-
quons-le, sera un lien préexistant et tout à fait indépendant de l'adoption. Basée uniquement sur
le lien civil qu'elle crée et détruit en même temps,
l'adoption est aussi impuissante à créer la cognation naturelle qu'à la dissoudre.

Les fils adoptifs d'un patron acquièrent-ils sur
les biens de ses affranchis les mêmes droits successifs que les enfants naturels? ou, pour poser la
question dans des termes plus généraux, les enfants adoptifs ont-ils les mêmes droits de patronage
que les enfants naturels ? Nous pensons avec Cu-

jas (*lib.* 7 *observ. cap.* **1**) que cette question demande en principe une solution affirmative. En effet, le droit de succession accordé aux fils du patron sur les biens de l'affranchi leur a été donné par la loi des Douze Tables (*Ulp., tit.* **29** § **4**) ; il leur a été donné à cause du lien civil qui les unissait au patron : or, c'est le même lien qui unit l'enfant adoptif au patron : il doit donc produire les mêmes effets. Cette opinion semble corroborée par Appien (*lib.* **3** εμφυλιων). Cet auteur nous apprend que, durant la vie du père adoptif, ses affranchis doivent à ceux qu'il a adoptés pour ses fils les mêmes honneurs que s'ils étaient ses propres enfants. Le droit les met donc sur la même ligne. Ce principe paraît être resté intact jusque sous Justinien ; mais cet empereur (C. l. **4** § 5 *de bon. libertor.*) leur enlève les droits de patronage sur les affranchis de l'adoptant.

Comme corollaire de l'acquisition des droits éventuels de succession, se trouvent, dans la législation romaine, les charges de la tutelle légitime : « Ubi emolumentum successionis, ibi et onus tutelæ. » Appelés comme les enfants naturels de l'adoptant à la succession de ses agnats, les enfants adoptifs se trouvent aussi appelés comme eux à la tutelle légitime des agnats : ils y viennent dans le même ordre, c'est-à-dire que cette tutelle appartient à l'agnat le plus proche et à tous ceux du même degré s'ils sont plusieurs, sans qu'il y ait à rechercher l'origine de l'agnation. Par *enfants adoptifs,* nous n'entendons parler ici que des fils ou des petits-fils ; car la tutelle étant considérée comme une charge publique, les femmes en étaient exclues.

Par application des mêmes règles, nous dirons qu'avant la constitution de Justinien (*hâc leg.*), les enfants adoptifs du patron durent être appelés à la tutelle légitime sur ses affranchis ; mais les conjectures tendraient à faire croire que depuis cette constitution cette tutelle cessa de leur appartenir.

Si le père adoptif vient à mourir après avoir émancipé un fils impubère, le fils adoptif se trouvera-t-il investi de la tutelle fiduciaire ? Nous n'oserions le décider : de quel droit pourrait-il y prétendre ? Le lien d'agnation n'existe plus : d'un autre côté, les enfants du père émancipateur ne sont pas assimilés à ceux du patron. Ce n'eût donc pas été les droits de patronage qu'il eût pu invoquer, même avant la constitution de Justinien.

§ 2. — Situation des enfants adoptifs à l'égard de leur famille naturelle.

Jusqu'ici nous nous sommes occupé des effets de l'adoption relatifs à l'adopté considéré dans ses rapports avec la famille dans laquelle l'adoption l'a introduit : examinons maintenant ce que devient pour lui sa famille naturelle qu'il a quittée.

Ainsi considérée, l'adoption produit à l'égard de l'adopté la *minima capitis deminutio ;* elle dissout complétement le lien d'agnation qui unissait l'adopté aux agnats de celui qui l'a donné en adoption : d'où l'on peut poser comme principe fondamental de cette partie de notre travail, que l'adopté ne conserve plus avec les divers membres de sa famille naturelle que les relations résultant de la simple cognation naturelle. Sous ce point de vue, l'adopté pourrait être comparé à l'émancipé, si dans le cas d'émancipation le droit prétorien n'était venu modifier d'une manière profonde les règles primitives.

Et d'abord par l'adoption proprement dite, l'adopté sort de sa famille naturelle, mais il en sort seul : les enfants légitimes qu'il a procréés antérieurement à son adoption restent dans cette famille, et d'après le droit civil ils acquièrent alors presque la même situation que si leur père était prédécédé. L'adopté se trouve-t-il lors de l'adoption sous la puissance immédiate de son ascendant naturel, la puissance médiate que celui-ci a sur les enfants de l'adopté se transforme en puissance immédiate, et cette puissance immédiate entraîne avec elle les mêmes conséquences que si elle se produisait par la mort de celui que l'adoption arrache à sa famille naturelle. Si, par exemple, cet ascendant naturel ne s'est pas en testant précautionné contre cet événement, son testament se trouve rompu. Ces enfants, lors de la mort de leur ascendant sous la puissance duquel ils se trouvent, deviendront *sui juris* et continueront de se trouver dans la famille naturelle, restant par là étrangers tant à leur père qu'aux enfants légitimes qu'il aura eus postérieurement à son adoption. S'agit-il du mariage de l'un de ces enfants? si l'ascendant naturel vit encore, son consentement au mariage sera nécessaire, mais il suffira : s'il est mort, l'enfant pourra se marier sans le consentement de son père naturel.

De ce que l'adopté sort civilement de sa famille naturelle, il ne faudrait pas conclure que les prohibitions de mariage pour cause de parenté entre l'adopté et certains membres de sa famille naturelle aient disparu ou se soient amoindries : car l'agnation en s'éteignant laisse subsister le lien naturel de la cognation, et les prohibitions de mariage sont les mêmes pour l'une ou pour l'autre parenté. Mais, si dans la famille naturelle de l'adopté il se trouve des enfants adoptifs avec lesquels il ne pouvait se marier à cause de sa parenté civile, son adoption a fait disparaître ces prohibitions : car elles ont dû cesser avec le lien civil qui les avait fait naître (Inst. § 2 *de nupt.*). Toutefois, il pourrait peut-être se rencontrer un cas où elles se trouveraient plus vivaces que le lien qui les aurait produites : ce serait lorsque l'adopté, alors qu'il se trouvait dans la famille naturelle, aurait consenti à l'adoption de cet étranger comme son petit-fils, car avant sa propre adoption il se serait trouvé parent en ligne directe de cet adopté (*Argum.* du § 1 *de nupt.* Inst.).

La puissance paternelle étant un effet du droit

civil ne peut appartenir qu'à celui qui, d'après le droit civil, se trouve être l'ascendant de la personne sur laquelle il s'agit de l'exercer : or, l'adoption vient précisément rompre ce lien de paternité et de filiation civiles qui existait entre l'adopté et son ascendant naturel. La puissance paternelle de ce dernier s'éteint donc forcément et fait place à celle de l'adoptant.

L'extinction de la puissance paternelle aura pour résultat immédiat de faire cesser pour l'avenir tous les attributs attachés à cette puissance. Ainsi, à partir de l'adoption, l'adopté cessera d'acquérir au profit de son ascendant naturel ; l'usufruit que cet ascendant avait sur le pécule adventice de l'adopté paraît aussi devoir s'éteindre pour lui.

Bien que la puissance paternelle empêche celui qui y est soumis d'appeler *in jus* son *pater-familiâs*, elle n'en est pas la cause exclusive. Cette prohibition existe aussi en faveur de tout *parens naturalis*, qu'il ait ou non la puissance paternelle sur celui que cette prohibition arrête, qu'il soit ou non de la même famille (D. 1. 8 *de in jus vocando*). Inspirée au préteur par le respect que l'on doit à ses ascendants, cette règle ne saurait se trouver atteinte par l'institution civile de l'adoption. Toutefois, cette défense n'est pas absolue : le magistrat peut *cognitâ causâ* la faire cesser.

L'édit du préteur, dans un but analogue, défend à l'affranchi d'appeler *in jus* sans sa permission les enfants du patron. Et cette prohibition conserve sa force alors même que le lien civil qui les unit au patron vient à se rompre. Ainsi, l'affranchi ne peut citer en justice le fils que le patron a donné en adoption ; bien plus, cette prohibition protége l'enfant que ce fils a eu après son adoption (D. l. 10 § 8 *de in jus voc.*). Le lien naturel qui existe entre le patron et cet enfant motive cette décision du préteur. Mais ce lien manque-t-il, sa décision perd sa raison d'être. Un affranchi pourrait donc sans permission, *vocare in jus* celui que le fils émancipé de son patron aurait adopté (*loc. cit.*).

Examinons maintenant les droits successifs que l'adopté peut encore avoir dans sa famille naturelle.

Celui qui est adopté cesse d'être rattaché à sa famille naturelle par le lien civil de l'agnation : par suite, tout droit successif dans cette famille qui se trouvera basé sur ce lien devra nécessairement lui échapper : il ne pourra donc pas prétendre à la succession de l'un de ses membres ni comme héritier sien ni comme agnat. Le droit prétorien viendra-t-il du moins à son secours dans les cas où sans cette adoption il eût été appelé comme héritier sien ? L'appellera-t-il à la possession *undè liberi* en usant en sa faveur de la même fiction que s'il se trouvait écarté par l'émancipation ? Le préteur n'a pas cru devoir le traiter avec la même faveur que l'émancipé. Si l'adopté et l'émancipé sortent de leur famille, le premier passe immédiatement dans une autre, tandis que le second forme

une famille nouvelle dont il est dans le principe
le seul membre : civilement l'un a perdu des
droits dans une famille pour en acquérir d'analogues dans une autre, l'autre a cessé de faire
partie de sa famille sans trouver en retour de sem-
blables avantages. Sauf des exceptions très-rares,
le préteur n'a pas corrigé en faveur du premier les
rigueurs du droit civil, tandis qu'il y apporte de
fortes modifications en faveur du second. D'où il
suit que l'adopté perd tous ses droits éventuels sur
les successions *ab intestat* auxquelles il aurait pu
arriver comme héritier sien ou comme agnat. Ce
ne sera qu'autant que ces hérédités ne se trouveront
recueillies ni par un héritier sien ni par un agnat
que le préteur l'admettra à la possession *undè co-
gnati.*

De ce que l'adopté ne peut succéder à l'un des
membres de sa famille naturelle, ni comme héritier sien, ni parmi ceux appelés à ce rang, dédui-
sons comme conséquence, que ceux dont il eût été
l'héritier sien sans l'adoption ne seront pas as-
treints en faisant leur testament à les instituer ou
les exhédérer, et que l'omission qu'ils en feraient
n'affecterait nullement par elle-même le sort de
leur testament. L'adopté ne sera donc pas admis
à la possession *contrà tabulas* : bien plus, un des
héritiers siens ou de ceux que le préteur appelle à
la possession *undè liberi* donnerait-il lieu à l'édit
par l'omission que le testateur en aurait faite et
pourrait-il réclamer la possession *contrà tabulas*

que l'adopté n'en profiterait pas. Et de quel droit pourrait-il donc y prétendre? Le testament ne valant pas, c'est la succession *ab intestat* qui s'ouvre, et, comme nous le savons, il n'y est pas appelé.

Toutefois, le principe souffre deux exceptions. La première se présentera lorsque l'adopté aura été donné en adoption à l'un des enfants émancipés de l'ascendant qui le donne en adoption. Dans ce cas, l'adopté a bien quitté la famille naturelle, mais il n'est pas entré dans une famille que le droit prétorien regarde comme étrangère à celle qu'il a quittée. Il se trouve dans la même situation que s'il était le fils de cet enfant émancipé. C'est ainsi que lorsqu'un aïeul a donné en adoption à son fils émancipé le petit-fils qu'il avait eu de lui avant son émancipation et qu'ensuite l'émancipé étant mort cet aïeul vient à mourir intestat, le préteur admet cet adopté à la possession *undè liberi* : que si cet aïeul est mort laissant un testament dans lequel il l'a omis, cet adopté sera admis à la possession *contrà tabulas* (D. 1. 3 § 7 *de bonor. possess. contr. tab.*).

Ce genre d'exception se présentera encore et pour des motifs analogues, lorsqu'un fils émancipé donnera en adoption à son père ou à son aïeul paternel l'enfant qu'il a eu depuis son émancipation. Dans ce cas, l'enfant adopté sera, quant à la succession de celui qui l'a donné en adoption, protégé par le droit prétorien comme s'il était encore dans sa famille (l. 3 § 8 *hoc tit.*).

La seconde espèce d'exception se rencontrera chaque fois qu'un testateur ayant institué celui qui, sans l'adoption, eût été son héritier sien, a omis un de ses héritiers siens ou de ceux appelés à ce rang. En vertu de l'édit *de bonorum possessione contrà tabulas*, auquel cette omission donne ouverture, l'héritier omis et même ceux institués peuvent demander la possession *contrà tabulas*.

Dans cette hypothèse, l'adopté a droit à une part virile, à celle qu'il aurait eue s'il n'était pas sorti de la famille, encore bien qu'il eût été institué pour une part minime. L'adopté n'est admis en pareil cas à la possession *contrà tabulas* qu'à deux conditions, savoir : 1° qu'il soit institué héritier régulièrement et réellement : s'il avait été institué sous une condition qui serait défaillie, son institution ne valant pas, il ne pourrait être admis à la possession *contrà tabulas* (l. 11 *hoc tit.*); 2° qu'il ne soit pas précédé dans la famille naturelle par un ascendant héritier sien ou émancipé, et que sans l'adoption il eût été héritier sien (l. 13 § 1 *hoc tit.*). Appuyons cette règle par l'espèce de la loi 25 § 1 *de legatis præstandis* au Digeste : Un testateur dont un fils était passé par adoption dans une autre famille, a institué héritier l'enfant que ce fils avait eu postérieurement à son adoption, et a omis un autre fils qu'il avait émancipé.

Le petit-fils, quoique institué, ne profitera pas de ce que l'omission de son oncle naturel donne ouverture à l'édit, parce que sans l'adoption il ne se fût pas trouvé héritier sien du testateur : son père en effet l'aurait précédé dans sa famille. Toutefois, et puisque l'occasion s'en présente, faisons remarquer avec le même texte que, dans cette hypothèse, le petit-fils devra être secouru par l'édit *de legatis præstandis*, à l'exemple des parents et des enfants du testateur, à qui les legs doivent être payés par ceux qui ont obtenu la possession de biens. La loi 5 § 6, même titre, confirme cette décision, et ajoute que ceux des ascendants ou descendants du testateur qui sont institués pour une portion de l'hérédité doivent être traités comme s'ils étaient légataires. Or, nous voyons (l. 1 § 2 *hoc tit.*) que, lorsqu'il y a lieu à la possession *contrà tabulas*, les enfants naturels ou adoptifs du testateur et aussi ses enfants naturels donnés en adoption sont admis à demander leur legs. Mais il ne sera fait entièrement droit à leur demande qu'autant que leurs legs seront égaux ou inférieurs à une portion virile ; que s'ils l'excèdent, ils ne sont protégés que jusqu'à concurrence d'une part virile (l. 5 § 7 *hoc tit.*).

Le concours des deux conditions exigées de la part de l'adopté pour qu'il puisse venir à la possession de biens *contrà tabulas*, le laisse en outre soumis aux conditions ordinaires. Il ne pourrait donc pas prétendre à cette possession s'il avait

consenti à l'exécution du testament qui l'a institué. Toutefois, il ne serait pas réputé avoir ap-
prouvé le contenu du testament par cela seul qu'il
l'aurait fait par nécessité, par exemple en faisant
adition d'après l'ordre de celui sous la puissance
duquel il se trouve. Si donc, après avoir fait adition par ordre de son père adoptif, il vient à être
émancipé, il n'en devra pas moins être admis à la
possession *contrà tabulas* dans le cas où ce testament aurait donné ouverture à l'édit (D. l. 10
§ 2 *de bonor. poss. contr. tab.*).

En principe, la part que l'adopté admis à la possession *contrà tabulas* prendra dans la succession
de son ascendant naturel, sera la même que s'il
était resté en puissance. Mais cette règle subira
dans certains cas une modification importante :
ce sera quand cet adopté aura laissé dans la famille
naturelle des enfants qui sont restés sous la puissance du testateur. D'un côté, ces enfants comme
héritiers siens ont droit à la possession *contrà tabulas ;* d'un autre côté, le préteur y appelle aussi
l'adopté. Celui-ci les exclura-t-il, ou à l'inverse?
La question se trouve tranchée par l'*édit nouveau*,
c'est-à-dire par une clause que Salvius Julius a in-
sérée dans l'édit perpétuel. L'adopté et ses descendants restés sous la puissance du testateur *concour-
ront*, mais l'adopté prendra la moitié de ce qu'il
aurait s'il était resté dans la famille naturelle ; l'autre
moitié se répartira entre les descendants de l'adopté
(D. l. 1 § 2 *de conjung. cum emancip. liber*).

Cette disposition de l'édit ne s'appliquerait pas s'il s'agissait d'un fils de l'adopté né postérieurement à l'adoption et que son aïeul naturel aurait adopté commé fils. Cet enfant acquerrait par l'adoption les mêmes droits qu'un étranger, et par suite aurait une part virile, indépendante du concours qui pourra avoir lieu entre son père et les enfants qu'il aura laissés dans la famille naturelle (l. 1 § 9 *hoc. tit.*).

L'adopté institué en se trouvant appelé à la possession *contra tabulas* quand le testament donne ouverture à l'édit, est fictivement traité par le préteur comme s'il était resté dans sa famille naturelle. L'équité demandait que cette fiction admise en faveur de l'adopté le fût aussi contre lui en faveur des héritiers siens du défunt, là où elle pouvait leur offrir quelque intérêt. Or, pendant que les héritiers siens ont été en puissance, toutes les acquisitions qu'ils ont faites, ont en principe et sauf les règles introduites à l'égard des pécules profité à celui dont ils sont les héritiers siens : le patrimoine s'est accru d'autant : n'est-il pas équi_table que l'adopté qui prétend à la possession *contrà tabulas,* ou celui sous la puissance duquel il se trouve, rapporte ce que cet adopté eût acquis au défunt sans son adoption, et qu'il en fasse profiter ceux avec lesquels il ne partage que par suite de la fiction qu'il est resté dans la famille adoptive? C'est ce qu'a décidé l'édit (D. l. 1 § 14 *de collat. bon.*). L'esprit de la disposition doit nous en indiquer la portée. L'adopté a-t-il quitté sa famille naturelle sans laisser de descendants avec lesquels il vienne concourir? Comme il fait tort à tous les héritiers siens, lui ou le père adoptif sous la puissance duquel il se trouve doit leur faire le rapport. Mais l'adopté a-t-il laissé dans sa famille naturelle des enfants qui sont aujourd'hui héritiers siens? Comme alors il ne concourt qu'avec eux et que c'est à eux seuls qu'il cause un préjudice dans la part héréditaire, ce sera à eux seuls qu'il devra faire le rapport (D. l. 1 *de conj. cum emanc.*).

Il nous reste, pour terminer la matière des successions, à étudier quels droits l'adopté peut avoir sur la succession des affranchis de son ascendant naturel.

Les enfants du patron étant appelés par la loi des Douze Tables à la succession de l'affranchi, à cause du lien d'agnation qui existe entre eux et leur père, il suit que, si ce lien vient à se rompre, ce droit disparaît. L'adopté ne viendra donc pas à cette succession comme enfant du patron, mais comme son cognat et là où arriverait un cognat de son degré (Arg. d'Ulp. tit. **27** § **5** et des Inst. *tit. de legit. patron. tutelâ*).

De même que l'on avait admis que l'assignation d'un affranchi se trouvait détruite par l'émancipation du fils auquel le patron l'avait faite, de même doit-on, selon nous, admettre que si un père de famille donne en adoption l'enfant à qui il a fait l'assignation d'un affranchi, cette assignation doit s'évanouir.

De ce que l'adopté cesse de pouvoir arriver comme agnat à la succession des membres de sa famille naturelle, disons que la tutelle légitime des agnats cesse par là même de pouvoir lui être dévolue dans cette famille. Disons aussi que la tutelle légitime des enfants du patron sur les affranchis de l'ascendant naturel ne peut plus désormais appartenir à l'adopté, puisque la loi ne l'appelle plus à leur succession comme enfant du patron.

Mais *quid* si au moment où un fils de famille est donné en adoption il se trouve chargé d'une tutelle ? Il peut arriver que ce fils soit ou tuteur atilien ou juliotitien, ou tuteur testamentaire, ou même tuteur légitime ou tuteur fiduciaire (par exemple, si le père de famille s'est fait excuser de la tutelle) ; c'est pourquoi il faudra distinguer. S'il est tuteur légitime, sa tutelle devra cesser par l'adoption : causée par l'agnation, elle ne saurait lui survivre. On devra, selon nous, appliquer les mêmes principes à la tutelle fiduciaire. Quant à toutes les autres tutelles, l'adoption du tuteur devra être sans aucune influence sur leur durée : étrangères aux liens de famille qui unissent le tuteur, elles ne doivent pas se ressentir de leur rupture.

§ 3. — Autres effets de l'adoption proprement dite à l'égard des enfants adoptifs.

Au point de vue religieux, l'adopté, en sortant de sa famille naturelle, y devient étranger aux dieux domestiques et aux choses sacrées ; mais en compensation les dieux lares et les choses sacrées de la famille adoptive lui deviennent communs.

Au point de vue du droit public, l'adoption a aussi son influence sur l'adopté : nous en dirons donc quelques mots.

Un rescrit de Dioclétien et Maximien (C. l. 7 *de adopt.*) nous apprend que, lorsqu'un citoyen est donné en adoption à un citoyen d'une autre ville, il acquiert la patrie de l'adoptant ; mais, ajoute ce texte, il n'en conserve pas moins sa patrie primitive et l'adoption ne porte pas atteinte aux droits que l'adopté avait par sa naissance aux charges et aux honneurs. La loi 15 § 3 *ad municipalem* au Digeste pose aussi les mêmes règles : « L'adoption ne diminue en rien les droits aux charges et aux honneurs résultant de l'origine ; elle ne fait qu'astreindre le fils adoptif aux charges de son nouveau père. » Antonin alla même jusqu'à décider (l. 17 § 9 *hoc tit.*) que l'enfant né dans la famille adoptive aurait comme son père pour patrie d'origine celle de son aïeul naturel, encore bien qu'il n'y eût eu aucune fraude dans l'adoption.

Ces décisions paraissent peu conformes aux principes de la matière : il semble que si l'adopté acquiert une nouvelle patrie, il devrait perdre celle qu'il avait d'abord. Telle fut peut-être la législation primitive : peut-être les règles en vigueur dans le dernier état du droit ne furent-elles dues qu'à la nécessité de réprimer les fraudes de ceux qui ne se donnaient en adoption que pour se soustraire aux charges de leur patrie d'origine.

L'adoption eut aussi pour effet de rendre plébéien le patricien adopté par un plébéien. C'est ainsi que le patricien Clodius se fit adopter par un plébéien, et qu'ensuite il fut élu tribun du peuple, charge qui ne pouvait être occupée que par des plébéiens. A l'inverse, le plébéien adopté par un patricien devient patricien. Pothier (Pand. Inst. *hoc tit.* n° 27) cite à l'appui de ce principe l'exemple du plébéien Cn. Cornélius, qui, après être passé par l'adoption dans la famille Cornélia, fut *tribunus militum consulari potestate,* charge à laquelle les plébéiens ne purent parvenir que l'année suivante, an de Rome 369.

L'adoption n'altère pas la condition honorifique de l'adopté. C'est ce que nous dit le jurisconsulte Paul (D. 1. 35 *de adopt.*) : *Per adoptionem dignitas non minuitur, sed augetur.* Ce texte dit même plus, puisqu'il ajoute que la *dignitas* de l'adopté se trouve augmentée. Elle s'accroît en effet de tout ce que la condition honorifique de son père adoptif transmet d'honorabilité et de prérogatives aux propres fils de celui-ci. L'adoptant est-il patrice, sénateur ou décurion? l'adopté acquiert les charges et prérogatives de fils de patrice, de sénateur ou de décurion.

SECTION **IV**. — *Comment se dissout l'adoption et quels en sont les effets à l'égard des enfants adoptifs.*

De même que le lien d'agnation qui rattache tous les parents par les mâles, le lien d'agnation produit par l'adoption peut se dissoudre par l'émancipation ou par une nouvelle adoption. La *media capitis deminutio* ou la *maxima* qu'éprouve l'adopté fait bien aussi évanouir l'adoption : enlevant les droits de cité à celui qu'elle frappe, elle lui rend impossibles les droits de la famille. Mais dans l'un ou l'autre cas, cet effet ne se produit que comme la conséquence de la perte de la qualité de citoyen ou d'homme libre. L'émancipation ou la nouvelle adoption, au contraire, produisent comme effet principal la dissolution de la première adoption.

Nous allons essayer d'indiquer les conséquences de chacun de ces actes.

Supposons d'abord que l'adoptant a émancipé l'adopté : dans ce cas, les effets de l'adoption relatifs à la famille adoptive s'évanouissent : conséquence du lien d'agnation que cette adoption avait produite, ils cessent nécessairement dès que ce lien vient à se rompre. Toutefois cette règle, vraie comme principe, souffre une exception : la dissolution de l'adoption primitive laisse intacte la prohibition du mariage qu'elle a fait naître entre l'adoptant et ses ascendants adoptifs, entre l'adopté et la femme de l'adoptant, entre l'adoptant et la femme de l'adopté (D. 1. 14 *de ritu nupt.* et Inst. § 1 *de nupt.*). Ici les motifs de décence l'emportent sur les principes.

Quand nous disons que l'émancipation de l'adopté fait évanouir les effets de l'adoption, nous envisageons uniquement l'adopté : et en effet, si postérieurement à son adoption l'adopté a eu des enfants, ces enfants se trouvent dans la famille adoptive ; leur sort y est indépendant de celui de leur père, en ce sens qu'ils continuent d'y rester lors même que le lien produit par l'adoption vient à se dissoudre pour leur père ou à l'inverse. Pour qu'ils sortent de la famille adoptive, il faut donc que l'on emploie le même mode que si chacun d'eux, étant né dans la famille naturelle de leur père, avait été l'objet d'une adoption particuculière.

Mais quelle est vis-à-vis de sa famille naturelle la position de l'enfant que vient d'émanciper son père adoptif ? Gaïus (*Comm.* ii 137) et Justinien (Inst. § 4 *de exhered. liberorum*) nous apprennent qu'il acquiert, à partir de ce moment et pour l'avenir seulement, la même condition que celle qu'il aurait eue s'il avait été émancipé par le père naturel. C'est ainsi que Paul (D. 1. 6 § 4 *de bonor. possess. contr. tab.*) en matière de *bonorum possessio contrà tabulas*, nous dit : *Adoptio tàm nocet quàmdiù quis in alienâ familiâ sit.*

Doit-on décider de même lorsque l'enfant adoptif n'a pas été émancipé par celui qui l'a adopté, mais par son père naturel qui se trouve dans la famille adoptive? Ainsi l'adopté a eu un fils postérieurement à l'adoption et l'a émancipé après la mort du père adoptif. Cet enfant émancipé sera-t-il dans la même position que si, après être né dans la famille naturelle de son père, il en était directement sorti par l'émancipation? Pourra-t-il, s'il est omis dans le testament de son aïeul naturel, demander la possession *contrà tabulas?* La négative, comme nous le dit Cujas dans plusieurs passages, résulte de ce que l'édit appelle seulement à cette *possessio* ceux qui, pendant qu'ils étaient dans la famille adoptive, ont été émancipés par le père ou l'aïeul adoptif. Cet édit n'est donc pas applicable à celui qui est sorti de la famille adoptive émancipé par son père naturel. Mais la loi 14 § 1 *de bonor. possess. contr. tab.* au Digeste vient au secours de cet émancipé : elle lui accorde alors la possession *contrà tabulas decretalis* des biens de son aïeul naturel.

L'adoption peut encore être dissoute par une nouvelle adoption, soit que l'adopté lui-même soit de nouveau donné en adoption, soit que le père adoptif sous la puissance duquel il se trouve l'entraîne avec lui dans une nouvelle famille adoptive au moyen de l'adrogation; soit enfin que l'adopté devenu *sui juris* par la mort de son père adoptif se soit lui-même donné en adrogation.

Si nous supposons que l'adoptant a donné l'adopté en adoption à un tiers, il nous faut distinguer si ce tiers est un étranger ou un ascendant de la famille naturelle de l'adopté.

Le nouvel adoptant est-il un étranger? l'adoption se forme comme s'il s'agissait d'une adoption faite par l'ascendant naturel avec cette différence que l'adoptant primitif remplit le rôle de celui qui donne en adoption. La situation de l'adopté vis-à-vis de sa famille naturelle reste ce qu'elle était avant cette nouvelle adoption. D'un autre côté l'adopté acquiert dans sa nouvelle famille identiquement la même position qu'il y acquerrait s'il était donné en adoption directement par son père naturel. Enfin les effets de l'adoption relativement à la famille adoptive primitive s'évanouissent identiquement de la même manière que lorsque le fils adoptif en sort par l'émancipation.

Si l'adopté a été donné en adoption à un ascendant de sa famille naturelle qui lui-même y soit resté, les effets de l'adoption sont les mêmes que dans l'hypothèse précédente en ce qui concerne la position de l'adopté à l'égard de sa première famille adoptive ; mais par cette nouvelle adoption l'adopté recouvre dans sa famille naturelle le lien d'agnation et les droits qui y sont attachés. Il pourra toutefois se faire qu'il n'y occupe pas le même rang que s'il n'en était pas sorti. Ainsi, le père naturel peut adopter comme petit-fils un fils donné en adoption, et réciproquement : civilement cet adopté occupera dans sa famille naturelle la place que cette nouvelle adoption lui aura faite.

Mais *quid* si un père de famille, après avoir donné son descendant naturel en adoption, et l'avoir ensuite adopté, vient à l'émanciper? D'après les principes sur la matière et comme nous aurons occasion de le dire quand nous traiterons de l'adrogation, la position personnelle de l'émancipé vis-à-vis de sa famille naturelle sera la même que si son ascendant, après l'avoir émancipé, l'avait adrogé puis rémancipé. La question ramenée à ces termes trouve sa solution dans les sources. Cet émancipé recouvre personnellement la même position que si l'adoption n'avait pas eu lieu. Le fils a-t-il été adopté par son père comme petit-fils, puis a-t-il été émancipé? Tant qu'aura duré l'adoption, ce fils aura été dans la famille comme petit-fils ; les enfants qu'il aura eus pendant ce temps resteront dans la famille naturelle non pas comme petits-fils, mais comme arrière-petits-fils Une fois l'adoption dissoute par l'émancipation, la qualité naturelle de fils reparaîtra à la place de la qualité civile de petit-fils (D. 1. 1 § 7 *de bonor. possess. contrà tab.*). Supposons-nous un petit fils émancipé, puis adopté comme fils et rémancipé? tant que l'adoption durera, il sera dans la famille de son aïeul, comme s'il était son fils : une fois l'émancipation dissoute, la qualité naturelle de petit-fils reparaîtra (L. 3 §§ 1 et 2 *hoc. tit.*).

Occupons-nous maintenant du cas où l'adopté se trouve transporté dans une autre famille par l'adrogation de son père adoptif. Rigoureusement l'adoption n'est pas dissoute puisque la paternité adoptive qui existait primitivement n'est pas éteinte ; mais cependant on ne peut nier que l'adoption primitive ne soit en partie dissoute. Et en effet, à part les rapports du père adoptif et de ses enfants, qui continueront d'être les mêmes avec l'adopté, celui-ci se trouve vis-à-vis de sa famille primitive dans la même situation que s'il en était sorti par une adoption proprement dite. D'un autre côté, il est incontestable que l'adrogation du père adoptif fait entrer dans une nouvelle famille l'adopté et les enfants qu'il a eus depuis son adoption. Ils y entrent comme s'ils étaient les descendants naturels de l'adrogé, et d'après le droit civil ils en retireront les mêmes avantages.

Il nous reste encore à examiner l'hypothèse où l'adopté devenu *sui juris* par la mort de son père adoptif se donne en adrogation : elle se trouvera naturellement expliquée lorsque nous nous occuperons des effets de l'adrogation.

APPENDICE.

Constitution de Justinien.

L'adoption, telle que nous venons de la montrer, pouvait devenir fort désavantageuse pour celui qui en était l'objet. En perdant dans sa famille naturelle presque tous ses droits successifs, il acquérait bien en retour des droits analogues dans sa famille adoptive ; mais ces droits étaient subordonnés à la durée de l'adoption et s'évanouissaient avec elle. Or l'adoption était facilement dissoute par l'émancipation. La constitution que nous allons étudier permet même de conclure que le fils adoptif, à la différence du fils naturel, pouvait être émancipé malgré lui : la durée de l'adoption était donc très-précaire. Il est vrai que, lorsque l'émancipation faisait sortir l'adopté de la famille adoptive, le droit prétorien le traitait pour les successions à venir des ascendants de sa famille naturelle comme s'il s'y trouvait encore : mais, étranger à cette famille d'après le droit civil, il ne pouvait prétendre comme agnat à la succession de ses autres membres.

Ce dernier principe conserva longtemps toute sa rigueur : il n'y fut dérogé que depuis l'empereur Anastase pour les successions des frères et sœurs, et encore les émancipés n'eurent-ils que la moitié de ce qu'avaient les autres frères : ce ne fut qu'en 534 après J.-C. que Justinien les mit sur la même ligne.

Ainsi donc, à part cette exception, l'adopté qui venait à être émancipé ne recouvrait pas ses droits à la succession des membres de sa famille naturelle, tandis qu'il perdait les droits analogues qu'il avait acquis dans la famille adoptive.

C'était déjà un grand désavantage pour lui, mais ce n'était pas le seul. Il arrivait encore que l'adoptant l'émancipait après la mort et l'ouverture de la succession de celui dont il eût été l'héritier sien s'il n'avait pas été adopté. Comme il n'acquérait la qualité d'émancipé que postérieurement, il ne pouvait prétendre à cette succession : il se trouvait donc alors privé et de la succession de son père ou de son aïeul naturel et de celle de l'adoptant : il perdait aussi, et sauf quelques exceptions, tout droit à la succession légitime de ses anciens agnats dans sa famille naturelle. En réalité, l'adopté avait perdu et sans compensation à peu près tous les avantages qu'il pouvait civilement retirer de sa situation primitive.

Une institution qui produisait un résultat aussi inique devait être corrigée. Justinien la modifia : il alla même jusqu'à la priver dans certains cas, des effets qu'il était dans sa nature de produire.

Indépendamment des causes que nous venons de signaler comme nécessitant ce changement, il nous en faut citer une autre que Justinien nous indique dans sa constitution (C. 1. 10 *de adopt.*). Il veut aussi, nous dit-il, trancher une ancienne controverse. Les jurisconsultes s'étaient demandés si, lorsqu'un fils de famille donné en adoption par son père naturel avait été omis dans le testament de celui-ci, il avait la *querela inofficiosi testamenti* : mais ils n'avaient pu tomber d'accord : Papinien la lui refusait, Marcien la lui accordait quand par suite de suggestions il s'était laissé adopter par un homme pauvre. Comme nous le verrons, Justinien a donné gain de cause à l'opinion de Papinien dans les cas où il maintient les anciens effets de l'adoption.

La constitution de Justinien (C. l. 10 *de adopt.*) divise les adoptions proprement dites en deux classes : adoptions faites *à non extraneo* (c'est-à-dire par un ascendant paternel ou maternel de l'adoptant) et celles qui sont faites *ab extraneo*.

1° Lorsque l'adoption sera faite par un ascendant paternel ou maternel de l'adopté, l'adoption conservera tous ses anciens effets. L'affection que l'on porte à ses descendants empêche l'adopté d'être victime d'une émancipation intempestive : le danger qu'il s'agit d'éviter n'est donc pas à craindre.

Mais comment pourra-t-il arriver avec l'organition de la famille romaine qu'une personne soit donnée en adoption à son ascendant ? L'hypothèse que nous avons en vue se présentera chaque fois qu'un fils de famille sera donné en adoption à un ascendant maternel : cet ascendant se trouve en effet dans une autre famille que celui qui l'adopte. L'hypothèse se rencontrera encore lorsqu'un fils émancipé donnera à son père l'enfant qu'il aura eu après l'émancipation, ou bien lorsque le père donnera en adoption au fils qu'il a émancipé l'enfant que ce fils a eu avant son émancipation.

La constitution de Justinien tranche incidemment la question controversée dont nous avons parlé plus haut. Elle adopte l'opinion de Papinien en cas d'adoptions proprement dites faites par un ascendant, et décide que l'adopté ne pourra intenter la *querela inofficiosi testamenti* contre le testament de celui qui l'aura donné en adoption, à moins, ajoute le texte avec raison, que l'adoption ne se trouve déjà dissoute par l'émancipation. Justinien rejette absolument la distinction de Marcien : il regarde comme impossible en pareil cas l'espèce de fraude qu'avait signalée ce jurisconsulte.

2° Quand l'adoptant sera un *extraneus,* Justinien décide que l'adopté continuera de rester dans sa famille naturelle. Les règles sur la puissance paternelle, les tutelles légitimes, l'exhédération, l'omission, la *querela inofficiosi testamenti,* la *querela inofficiosæ donationis ;* les règles sur les pécules et sur l'usufruit du pécule adventice; celles sur les successions ; toutes ces règles devront être appliquées comme si l'adoption n'avait pas eu lieu.

D'un autre côté l'adoptant *extraneus* n'acquerra plus la puissance paternelle sur l'adopté : il ne pourra plus le donner en adoption (Inst. § 2 *de adopt.*). L'adopté ne passera plus dans la famille adoptive et sera dorénavant comme un étranger quant aux parents de l'adoptant : en conséquence il ne pourra plus prétendre aux droits qui découlaient pour lui de l'ancien principe que l'adopté devenait l'agnat de tous les agnats de l'adoptant.

L'adoption par un *extraneus* n'aura plus effet qu'entre celui qui en aura été l'objet et son père adoptif. Et encore se bornera-t-elle à faire naître en faveur de l'adopté et sans réciprocité un droit sur la succession *ab intestat* de l'adoptant (C. 1. 10 § 1 *de adopt.*). L'adoptant pourra disposer par testament de tous ses biens sans que l'adopté puisse recourir contre le testament par la *querela* : ce qu'il lui laissera en testant sera considéré comme une pure libéralité.

Ce que nous venons de dire s'appliquera à l'adoption faite par un *extraneus,* quand même l'adopté serait un des trois enfants mâles qu'avait celui qui l'a donné en adoption. L'adopté, en pareil cas, ne pourra donc plus prétendre à la quarte que lui assurait le sénatus-consulte sabinien (*hâc lege* § 3). Et ceci est logique : le but de ce sénatus-consulte était de garantir l'adopté contre une émancipation ou une exhérédation qui, après que l'adoption lui avait fait perdre ses droits dans sa famille naturelle, les lui aurait aussi enlevés dans sa famille adoptive; or la constitution de Justinien décide qu'à l'avenir l'adopté par un *extraneus* restera dans sa famille naturelle : pourquoi aurait-on laissé à l'adopté entre trois mâles un avantage que le sénatus-consulte sabinien ne lui avait accordé que comme compensation de droits qu'il ne perdra plus?

Les règles que nous venons de donner pour l'hypothèse de l'adoption par un *extraneus* ne recevront pas leur application dans tous les cas où ce sera un *extraneus* qui adoptera. Le texte des Instilutes (§ 2 *de adopt. et* § 14 *de hered. quœ ab in-*

test.) se contente, il est vrai, de distinguer entre les adoptés par un ascendant et les adoptés par un *extraneus*. Cette distinction à laquelle nous nous sommes conformés n'est pas complète; elle demande elle-même une sous-distinction. Les règles que nous venons de tracer ne doivent en effet recevoir leur entière application que lorsque le fils de famille adopté par un *extraneus* est le fils ou la fille de celui qui donne en adoption; ou qu'étant son petit-fils, sa petite fille, son arrière petit-fils ou son arrière petite-fille, il se trouve son héritier quand il vient à mourir; mais s'il est précédé dans la famille par son père ou son aïeul, comme alors il n'est pas héritier sien de celui qui l'a donné en adoption, *maneant*, dit la constitution, *omnia jura adoptiva ei intacta.* Dans ce dernier cas, l'adoption produira donc les mêmes effets que les adoptions antérieures à la constitution (C. 1. 10 § 4 *de adopt.*). Mais quelle sera la position de l'adopté dans l'intervalle qui s'écoulera entre l'adoption et la mort de celui qui l'a donné en adoption? La question ne présentera pas de difficultés, quand le fils de famille sera lors de l'adoption sous la puissance immédiate de celui qui le donne en adoption ; mais *quid* s'il est alors précédé dans la famille par un ascendant? Le texte n'est pas assez explicite sur ce point : il nous semble toutefois que le mot *maneant* semble indiquer que cette adoption produira en principe tous les anciens effets. Ce ne serait que dans le cas où l'adopté viendrait à perdre les ascendants qui le précèdent dans la famille naturelle que l'adoption dégénèrerait et subirait les profondes restrictions que nous avons indiquées.

Cette constitution fut sans influence sur l'adrogation.

CHAPITRE II.

DE L'ADROGATION.

L'*adrogation* est un acte solennel par lequel un chef de famille fait entrer sous sa puissance un autre chef de famille : en d'autres termes, c'est l'adoption d'une personne *sui juris*.

Dans cet acte, celui qui en est l'objet et que l'on nomme *adrogé* ne joue pas un rôle passif comme l'adopté dans l'adoption proprement dite : aussi doit-il manifester expressément la volonté où il est de se faire adroger.

Par l'adrogation, la famille dont l'adrogé est le chef se confond avec celle de l'adrogeant. Les personnes soumises à l'adrogé et les biens qui lui appartiennent subissent cette confusion. Acquérant les dieux domestiques de la famille adoptive, l'adrogé abandonne le culte des siens.

Cette suppression d'une famille et cette altération de religion expliquent les formes primitives de l'adrogation : elles justifient en même temps les formes solennelles et les conditions exigées pour arriver à sa perfection.

Section I. — *Comment se forme l'adrogation.*

Primitivement l'adrogation ne pouvait avoir lieu qu'en vertu d'une loi curiate (*populi auctoritate*). cette loi se votait dans les comices assemblés par curies sous la présidence des pontifes. L'un d'eux rendait compte de l'enquête : il indiquait si l'adrogation paraissait *honesta* et si les personnes qui demandaient à se faire adroger réunissaient les conditions exigées par la loi. Ensuite on adressait au peuple ces paroles : « Velitis, jubeatis, Quirites, uti Q. Valerius L. Titio tam jure legeque filius sibi siet, quàm si ex eo patre matreque familiâs ejus natus esset, utique ei vitæ necisque in eo potestas siet, uti patri endo filio est? Hæc ità uti dixi, ita vos, Quirites, rogo. »

Qui prononçait cette formule? Ce n'était certainement pas l'adrogeant, ce n'était pas évidemment l'adrogé, puisque la formule les nomme tous les deux à la troisième personne. On doit donc supposer que c'était un magistrat.

Cette formule nous a été transmise par Aulu-Gelle (*Nuits attiq.* liv. 4 chap. 19). Cet auteur fait même découler *adrogatio* de la *rogatio* qu'on adressait au peuple par cette formule. Cette étymologie ne concorde toutefois pas entièrement avec celle que nous en donne Gaïus (ɪɪ, 99). Selon ce jurisconsulte, l'adrogation est ainsi nommée parce qu'il y a interrogation : on demandait à celui qui adoptait s'il voulait que celui qu'il se proposait d'adopter fût pour lui un fils légitime; à celui qui devait être adopté s'il y consentait, et au peuple s'il ordonnait que cela fût.

Revenons maintenant à la forme primitive de l'adrogation.

La formule qui précède ayant été prononcée, si le peuple rassemblé par curies consentait à l'adrogation, il faisait une loi. Lorsque l'on substitua aux comices par curies les comices par centuries, l'on n'en conserva pas moins les comices par curies pour ce qui tenait au culte et aux institutions anciennes. Toutefois ces assemblées devinrent fictives, et la loi curiate ne fut plus alors qu'une formalité. Du temps de Gaïus les curies suivant quelques interprètes se trouvent même représentées par trente licteurs qui sous la présidence d'un magistrat donnent leur adhésion à l'adrogation.

Cette forme nous indique assez que ce genre d'adoption ne pouvait se faire qu'à Rome ; car à Rome seulement se réunissaient les comices.

Ce mode d'adrogation survécut à la République : l'adrogation continua de se faire *auctoritate populi* lorsque le pouvoir législatif avait déjà passé à l'empereur. Celui-ci dans le commencement de l'Empire n'exerça probablement pas ce pouvoir entièrement à l'exclusion du peuple : d'un autre côté, l'adrogation consistait alors dans une cérémonie fictive qui ne laissait au peuple que l'apparence de son intervention.

Quoi qu'il en soit, l'on ne sait pas au juste à quel moment les rescrits impériaux tinrent lieu pour l'adrogation des comices par curies. On voit seulement par une constitution de Dioclétien (C. l. 2 *de adopt.*), qu'à cette époque (an 286 de J.-C.) l'adrogation se faisait facultativement ou comme autrefois par une loi curiate, ou par rescrit impérial pourvu qu'elle eût été dénoncée (*intimata*) au préteur ou au président de la province. Mais une autre constitution de cet empereur (l. 6 *hoc tit.*) supprima l'adrogation par la loi curiate : elle ne se fit plus désormais que par rescrit impérial (*auctoritate principis*). Dans ce nouveau droit, la *cognitio causæ* resta exigée pour toute adrogation : elle fut attribuée au magistrat, préteur ou président de province, à qui l'empereur devait adresser son rescrit. Quant à l'intervention des pontifes, elle n'était sans doute plus nécessaire, puisque le prince était le chef des pontifes.

L'adrogation, à part l'autorisation du peuple et plus tard celle du prince, n'exige en principe que le consentement de l'adrogeant et celui de l'adrogé. On ne tient aucun compte de la circonstance que l'adrogé a des enfants soumis à sa puissance qui vont passer sous celle de l'adrogeant et entrer dans sa famille : ces personnes *alieni juris* subissent l'effet de cette adoption, sans même participer à sa confection.

Mais si l'adrogé entre dans la famille adoptive comme petit-fils de l'adrogeant, il y aura lieu de distinguer, comme dans l'adoption proprement dite, s'il y entre sans père désigné, ou bien s'il y entre comme enfant de tel fils de l'adrogeant. Dans ce dernier cas le consentement de ce fils sera nécessaire pour arriver à la confection de l'adrogation.

Dans les derniers temps de la législation antéjustinienne, il est cependant des cas exceptionnels où ces consentements ne sont plus suffisants. Depuis l'empereur Claude le mineur de vingt-cinq ans ne peut plus être adrogé sans le consentement de son curateur (C. 1. 8 *de adopt.*). En outre, depuis que l'adrogation d'un impubère se trouve permise, on exige en pareil cas l'*auctoritas tutoris*. Que si l'impubère a plusieurs tuteurs, l'*auctoritas* de tous est nécessaire (C. 1. 5 *de auctor. prœst.*) : il s'agit en effet d'un acte qui intéresse tous les tuteurs, puisqu'il met fin à la tutelle.

L'adrogation étant un acte solennel ne pouvait pas plus que l'adoption proprement dite se faire *per procuratorem* : l'adrogeant et l'adrogé devaient donc être présents (D. 1. 24 1. 25 § 1 *de adop.*).

L'adrogation, pas plus que l'adoption proprement dite, ne pouvait admettre de terme ou de condition : la qualité de fils n'est pas de nature à souffrir ces modalités.

Section II. — *Quelles sont les conditions de l'adrogation.*

Nous allons maintenant étudier les conditions exigées pour pouvoir adroger ou être adrogé.

§ 1. — Qui peut adroger.

Pour pouvoir adroger, il faut d'abord réunir toutes les conditions exigées de l'adoptant dans l'adoption proprement dite. Il faut de plus, si l'on veut adroger un mineur de vingt-cinq ans, n'avoir été ni son tuteur ni son curateur (D. l. 17 *de adopt.*). La loi redoute l'influence que le tuteur peut avoir conservée ou que le curateur a encore sur l'adrogé : elle craint aussi que celui qui veut adroger en pareil cas, ne le fasse pour se soustraire à une reddition de comptes. Toutefois l'empereur Antonin a, par un rescrit, permis au beau-père tuteur d'adroger son *privignus*.

En outre il y a lieu, nous dit Ulpien (D. *hâc lege*), d'examiner si le motif de l'adrogation n'est pas honteux ni contraire aux bonnes mœurs.

Il faut aussi rechercher si celui qui adroge a atteint l'âge de soixante ans. La loi préfère qu'avant cet âge il demande à la nature la postérité qu'il n'a pas. Mais le défaut d'âge cesse d'être un obstacle à l'adrogation en présence de l'état maladif de celui qui veut adroger, ou d'un juste motif qu'il aurait à faire valoir, par exemple, si après avoir été émancipé il voulait adroger l'enfant qu'il avait laissé dans la famille de son père, et qui, par la mort de celui-ci est devenu *sui juris* (D. l. 15 § 2 et l. 17 § 2 *in fine, de adopt.*).

Enfin dans la *cognitio* exigée pour arriver à l'adrogation, le magistrat doit, lorsque celui qui veut adroger a un ou plusieurs enfants, rechercher s'il y a lieu de lui permettre d'en adopter d'autres. S'il a des enfants issus de justes noces, il ne doit pas détruire leurs espérances. S'est-il déjà procuré des enfants au moyen de l'adoption ? Il n'est pas juste qu'il les prive d'avantages auxquels ils doivent s'attendre (D. l. 17 § 3 *de adopt.*).

Par suite des mêmes considérations, on ne peut sans justes motifs adroger plusieurs personnes.

§ 2. — Qui peut être adrogé.

Pour qu'il y ait lieu à l'adrogation, il faut que celui qu'on se propose d'adopter soit un citoyen romain *sui juris;* car, s'il était en puissance, on devrait recourir à l'adoption proprement dite.

Il fallait de plus, lorsque l'adoption se faisait par une loi curiate, que celui qu'il s'agissait d'adroger pût faire partie des assemblées par comices : c'est pourquoi ni les femmes ni les impubères ne pouvaient être adrogés (G. *Comm.* 1, 101 et 102, Ulp. tit. 8 § 5).

D'où vient donc que Gaïus, qui indique dans

son *Commentaire* l'inaptitude de la femme à l'adrogation, déclare dans un passage reproduit au Digeste (l. 21 *de adopt.*), qu'elles peuvent être adrogées? Cette antinomie ne peut s'expliquer que par une interpolation que les compilateurs du Digeste auraient faite à cette loi pour la mettre en harmonie avec le droit de Justinien. Ces interpolations ne sont pas rares dans le Digeste. On en trouve encore une analogue dans la loi 2 *pr. de adoptionibus*, qui n'est que le § 99 du *Commentaire* ı de Gaïus altéré et mis en harmonie avec la législation justinienne.

L'impossibilité pour la femme d'être adrogée a disparu au temps de Justinien. Résultant de ce que les femmes ne pouvaient figurer dans les assemblées par comices, elle dut logiquement tomber lorsqu'à l'ancienne forme d'adrogation succéda celle du rescrit impérial. Cette opinion se trouve confirmée par le Code (l. 8 *de adopt.*) « Jamais, y est-il dit, l'adrogation d'une femme *sui juris* n'a pu avoir lieu autrement que par rescrit impérial. »

Dans le dernier état du droit l'impubère peut aussi être adrogé. Gaïus (*Comm.* ı, § 102) nous apprend qu'avant lui la question de savoir s'il pouvait être adrogé avait reçu des solutions diverses, mais qu'un rescrit d'Antonin aux pontifes avait permis cette adrogation, pourvu qu'elle fût due à un motif honnête, et que certaines conditions fussent remplies. Justinien (Inst. § 3 *de adopt.*) nous donne à ce sujet des détails que nous indiquerons en nous occupant spécialement de tout ce que l'adrogation des impubères offre de particulier.

Les affranchis peuvent-ils être adrogés ? Aulu-Gelle (liv. 4 chap. 19 *Nuits attiq.*) nous dit qu'ils ne pouvaient pas l'être, surtout par des ingénus. Pothier (Pand. Just. n° 24) pense aussi qu'ils étaient incapables d'être adrogés, et il en donne pour motif qu'ils ne pouvaient faire partie des assemblées par comices. Aulu-Gelle (*loc. cit.*) ajoute qu'ils ne pouvaient être adrogés par des ingénus, parce qu'on ne doit pas permettre que des affranchis acquièrent des droits d'ingénuité, « ne libertini ordinis homines per adoptionem in jura ingenuorum irrepant vel invadant. » Cette dernière raison nous paraît susceptible de critique. Que l'adrogation soit faite par un affranchi ou par un ingénu, elle met civilement l'adopté dans la même position que si cet affranchi était l'enfant naturel de l'adrogeant : il doit donc acquérir dans l'un et dans l'autre cas des droits d'ingénuité. Et c'est précisément en ce point que dut se trouver l'un des principaux obstacles à l'adrogation de l'affranchi : car une pareille adrogation, en donnant à l'affranchi des droits d'ingénuité, eût en même temps enlevé au patron ses droits de patronage. Et cela est si vrai, que là où cet inconvénient n'existait pas, l'adrogation d'un affranchi pouvait être permise. Sous Dioclétien, l'affranchi pouvait être adopté par son patron pour de justes motifs. C'est du moins ce qu'il nous est permis de conclure *à contrario* de la loi *de adopt.*

au Code. Par ce texte, Dioclétien refuse d'admettre l'adrogation d'un affranchi par son patron, parce que celui-ci n'a pas apporté de justes motifs à l'appui de sa demande : il l'eût donc admise si l'adrogeant avait eu des raisons suffisantes.

Observons que l'affranchi adrogé par son patron, tout en acquérant les droits d'ingénuité, ne devient cependant pas ingénu (D. l. 3 *de bon. libertor.*).

L'adrogation d'un affranchi par un autre que par son patron continue d'être interdite (D. l. 15 *in fine, de adopt.*) : mais *quid* si elle a eu lieu subrepticement, si l'affranchi est parvenu par surprise et en cachant sa qualité à se faire adroger ? Il semble résulter des textes que cette adrogation vaudra ; mais le patron ne perdra pas son droit de patronage (D. l. 49 *de bon. lib.* et l. 10 § 2 *de in jus voc.*). Si l'adrogation lui confère des droits d'ingénuité, ces droits ne sauraient être invoqués au détriment des droits de patronage, qui n'ont pu s'éteindre sans la participation de celui qui les possède.

En nous occupant de l'adoption proprement dite, nous ne nous sommes pas demandé si les affranchis pouvaient être donnés en adoption. C'est qu'en effet cette question dépendait essentiellement de celle qui précède. L'esclave qu'on affranchit devient *sui juris* : comment supposer qu'il y ait lieu de donner l'affranchi en adoption s'il n'a été auparavant adrogé ? Mais une fois qu'il a été valablement adrogé, il nous semble qu'il pourrait être donné en adrogation comme tout autre adrogé.

SECTION III. — *Quels sont les effets de l'adrogation à l'égard de l'adrogé et des personnes soumises à sa puissance paternelle.*

Par l'adrogation la famille de l'adrogé passe tout entière dans celle de l'adrogeant.

D'abord, en ce qui concerne les enfants de l'adrogé, ils cessent d'être sous la puissance paternelle de l'adrogé, puisque celui-ci est devenu lui-même fils de famille : ils passent sous la puissance paternelle de l'adrogeant. C'est là du reste un résultat qui s'explique facilement. L'adrogation les fait passer avec leur père dans la famille de celui qui adroge : en y entrant, ils y acquièrent civilement la même qualité que si lors de leur conception l'adrogé se fût déjà trouvé dans la famille adoptive. Ainsi l'adrogé est-il adopté comme fils, ses enfants entrent dans la famille adoptive comme petits-fils de l'adrogeant. D'après l'organisation de la famille romaine la puissance paternelle doit donc revenir à l'adrogeant.

D'où il suit qu'une fois l'adrogation accomplie, tout à l'égard des personnes qui étaient soumises à la puissance paternelle de l'adrogé doit se passer dans la famille adoptive comme si l'adrogé était un fils de famille donné en adoption qui postérieurement à son adoption aurait eu les enfants que son adrogation introduit dans cette famille adoptive. Et il n'y a pas lieu à distinguer si les personnes qui étaient sous sa puissance étaient ses descendants naturels ou des personnes introduites dans sa famille par une adoption préalable. D'après le droit civil, le résultat doit être le même dans l'un comme dans l'autre cas. A ce propos, les Inst.tutes (§ 11 *de adopt.*) nous rapportent qu'Auguste ne voulut adopter Tibère qu'après que ce dernier eut adopté Germanicus, afin qu'immédiatement après l'adoption Germanicus se trouvât le petit-fils d'Auguste.

Quant aux biens de l'adrogé, les effets de l'adrogation durent subir les variations qu'éprouvèrent à différentes époques les biens acquis par les fils de famille. Primitivement, alors que tout ce que le fils de famille acquérait se trouvait appartenir au père de famille, l'adrogation en conférant à l'adrogeant la puissance paternelle, lui faisait en même temps acquérir les biens de l'adrogé : ce genre particulier de succession, nous dit Gaïus (*Comm.* III, § 82), avait été établi *eo jure quod consensu receptum est*. Dès les premiers temps de l'Empire, on dut probablement excepter de cette règle les biens qui auraient composé le pécule castrense si l'adrogé avait été en puissance lorsqu'il les avait acquis. On étendit probablement ensuite cette exception aux biens qui auraient formé le pécule quasi-castrense. Sous le Bas-Empire, l'exception dut encore se généraliser et s'appliquer à la nue propriété des biens qui, aux diverses époques, auraient formé le pécule adventice. Sous Justinien, sauf l'exception qui dans notre système aurait lieu pour les biens qui auraient composé son pécule castrense ou quasi-castrense, tous les biens de l'adrogé forment son pécule adventice, et par l'adrogation, l'adrogeant n'acquiert sur eux qu'un droit d'usufruit. L'adrogeant n'acquiert plus la propriété des biens de l'adrogé qu'autant que celui-ci meurt dans la famille adoptive et ne laisse aucun des héritiers que les constitutions appellent avant l'adrogeant (descendant, frère ou sœur).

Il importe de remarquer que par l'adrogation le patrimoine de l'adrogé subit civilement de grandes modifications. En passant dans la famille adoptive, l'adrogé et les personnes soumises à sa puissance paternelle éprouvent la *minima capitis deminutio :* or dans le principe, ce changement d'état, en faisant de l'adrogé une autre personne civile, éteignait primitivement les droits d'usage et d'usufruit déjà ouverts en sa faveur : elle mettait aussi fin aux *operarum obligationes* qu'il pouvait avoir sur ses affranchis : enfin elle éteignait toutes celles de ses dettes qui étaient nées d'un contrat ou d'un quasi-contrat. Il fallait toutefois en excepter les obligations *quæ naturalem præstationem habere intelliguntur* (comme la restitution de dot ou le dépôt), ou qui résultaient de contrats fondés sur des qualités purement personnelles, comme le mandat, la société (Gaïus, III, 84 et D. 1. 8 *de cap. minut.*).

Par exception encore, les dettes dont l'adrogé était tenu par suite d'une adition d'hérédité antérieure à l'adrogation, passaient à l'adrogeant : celui-ci devenait héritier à la place de l'adrogeant, et par suite l'*œs hereditarium alienum* ne s'éteignait pas (Gaïus, *loc. cit.*). Quant aux dettes nées d'un délit ou d'un quasi-délit, elles continuaient d'exister (D. l. **2** § 3 *de cap. min.*). Justinien établit que désormais le droit d'usufruit et le droit d'usage cesseront de s'éteindre par la *minima capitis deminutio* (Inst. § 1 *de acquis per adrog.*); mais il maintient les autres effets produits par ce changement d'état. Ainsi, d'après le droit civil, les *operarum obligationes* dues au patron qui se fait adroger s'évanouissent : à part les exceptions, les dettes de l'adrogé nées de contrats ou quasi-contrats et avant l'adrogation se trouvent éteintes.

Ce dernier résultat contraire à l'équité ne pouvait manquer d'être corrigé par le droit prétorien : aussi le préteur accordait-il toujours en pareil cas et sans examen la *restitutio in integrum* en faveur des créanciers de l'adrogé. Il leur donnait contre l'étranger l'action ordinaire mais fictice, *rescissâ capitis deminutione* (D. l. 2, § 1 *de cap. minut.*); et si l'adrogeant ne se présentait pas pour défendre l'adrogé poursuivi, les créanciers obtenaient l'envoi en possession de tous les biens qui lui avaient appartenu (Gaïus, III, 84). Sous Justinien, le remède apporté à la rigueur des principes est le même quant au fond, mais il diffère quant à la forme. L'adrogeant *nomine filii convenietur* (Inst. § 3 *de acquis per adrog.*), et s'il ne vient pas, le magistrat autorisera les créanciers à se mettre en possession des biens ayant appartenu à l'adrogé.

Nous avons vu les effets de l'adrogation quant aux personnes sous la puissance de l'adrogé et quant à son patrimoine : nous allons maintenant examiner les effets de cet acte quant à sa personne.

Dans sa famille adoptive, l'adrogé acquiert la même position que s'il y était entré par l'adoption proprement dite, avec cette seule différence que les personnes qui étaient soumises à sa puissance paternelle lors de cette adrogation, se trouvent civilement dans la même situation que s'il les avait engendrées postérieurement à son adoption.

Dans la famille naturelle de l'adrogé, l'adrogation produit des effets divers. Il peut se faire qu'au moment de cet acte solennel, celui qui en est l'objet soit encore dans sa famille naturelle (*lato sensu*), comme il peut déjà ne plus s'y trouver. Est-il dans sa famille naturelle lorsqu'il se fait adroger ? Et c'est ce qui arrive quand il est auparavant devenu *sui juris* par la mort de son ascendant naturel. Dans ce cas, l'adrogation doit avoir à l'égard des membres qu'il a dans sa famille naturelle les mêmes effets que l'adoption proprement dite. A-t-il, au contraire, déjà cessé d'en être le membre d'après le droit civil ? Il faut distinguer s'il en est sorti par l'adoption ou par l'émancipation. S'il s'agit d'un enfant adoptif devenu *sui juris* par la mort de son père adoptif, son adrogation a pour lui vis-à-vis de sa famille naturelle et aussi vis-à-vis de sa première famille adoptive les mêmes effets que si après avoir été adopté, il avait été donné en adoption à celui qui l'a adrogé, et que s'il avait engendré postérieurement à cette seconde adoption les personnes qui se trouvaient soumises à sa puissance paternelle. Enfin, si celui qui se donne en adrogation était déjà sorti de sa famille naturelle par l'émancipation, l'adrogation lui fait perdre dans sa famille naturelle les droits que l'édit lui avait conservés. Il ne pourra donc plus par exemple en cas d'omission dans le testament de son père naturel demander la possession *contrà tabulas*. C'est à tel point que si un fils émancipé et omis dans le testament de son père naturel décédé s'est donné en adrogation avant d'avoir demandé la possession *contrà tabulas*, il cesse de pouvoir la demander (D. l. 3 § 6 *de bonor. poss. contrà tab.*). Cette possession lui était bien dévolue lors de son adrogation, mais elle ne lui était pas encore acquise, et après son adrogation il ne se trouve plus dans le nombre de ceux à qui le préteur l'accorde (Cujas *ad hanc leg.*). Toutefois, si cet enfant émancipé au lieu d'être omis a été institué héritier et s'est ensuite fait adroger, il peut, *commisso per alium edicto*, demander la possession *contrà tabulas*. Comment son adrogation pourrait-elle lui enlever un droit qui lui eût été dévolu alors même qu'il se serait trouvé dans la famille adoptive ?

Il nous reste encore à voir quel était l'effet de l'adrogation quant aux droits de patronage que possédait celui qui se donnait en adrogation. Il faut décider avec Ulpien (**D. l. 10 § 2** *de in jus voc.*), que l'affranchi ne change pas de patron par l'adrogation du sien. C'est ce que confirme Julien dans la loi 23 *de bonis libertorum* au Digeste.

De ce que l'adrogation d'un patron ne dissout pas ses droits de patronage, nous en conclurons aussi qu'elle n'éteindrait pas davantage la tutelle légitime qu'il aurait sur son affranchi. Il nous semble qu'il faut admettre alors une exception à la règle si précise posée par Ulpien (*Reg. juris*, tit. xi § 9): « Legitima tutela capitis deminutione amittitur. »

Enfin, l'adrogation produit les effets de droit public que nous avons signalés pour l'adoption proprement dite : elle les produit de la même manière que si l'adrogé s'était fait adopter et qu'il ait eu après cette adoption les enfants qu'il avait en sa puissance. Mais, comme cela résulte de ce que nous avons dit précédemment, l'adrogation fait en outre disparaître de la cité la famille de l'adrogé en la confondant avec celle de l'adrogeant.

Section IV. — *Comment se dissout l'adrogation.*

L'adrogation se dissout pour la personne de l'adrogé de la même manière que l'adoption proprement dite. Rien n'empêche donc que l'adrogeant retire l'adrogé de sa famille et le fasse passer dans une autre au moyen d'une adoption proprement dite.

Quant aux enfants de l'adrogé, assimilés à ceux que l'adopté a eus postérieurement à son adoption, ils ne pourront sortir de la famille adoptive que par les mêmes moyens.

APPENDICE.

§ 1. — De l'adrogation de l'impubère.

L'adrogation de l'impubère fut déclarée possible par un rescrit d'Antonin le Pieux ; mais elle fut soumise à certaines formalités particulières. Nous avons déjà vu que le consentement du tuteur se trouve exigé et que, si le pupille a plusieurs tuteurs, tous doivent être favorables au projet d'adrogation.

De plus, lors de l'examen préalable qui précède le rescrit impérial d'autorisation, il faut indépendamment des recherches ordinaires s'enquérir si l'adrogation doit être honorable et avantageuse au pupille : d'une part, s'informer des mœurs de celui qui veut adroger et de l'honnêteté de l'affection qui lui sert de mobile ; d'un autre côté comparer la fortune de l'adrogeant avec celle du pupille qu'il veut adroger (D. 1. 17 § 2 *de adopt.*), sans cependant conclure que l'infériorité de l'une sur l'autre soit en elle-même et prise isolément un motif pour empêcher l'admission de l'adrogation. Enfin ceux qu'un lien de parenté unit à l'impubère doivent déclarer au préteur ou au président de la province que cette adrogation doit lui être avantageuse (C. l. 2 *de adopt.*).

Ces renseignements recueillis, l'empereur statue en connaissance de cause. Lorsqu'il y a lieu d'autoriser l'adrogation, elle ne se trouve permise qu'aux conditions suivantes :

D'abord l'adrogeant doit promettre à une personne publique, à un tabellion, que si l'adrogé décède avant la puberté, il rendra ses biens à ceux qui sans l'adrogation lui eussent succédé. En déclarant possible l'adrogation de l'impubère, l'empereur Antonin n'a pas voulu qu'elle fît tort à ceux qui sans elle eussent été ses héritiers. Mais d'où vient que cette promesse n'a d'effet qu'autant que l'adrogé meurt impubère? C'est qu'une fois devenu pubère, le citoyen romain peut se donner un héritier testamentaire et enlever ses biens à ses plus proches agnats. Conséquemment, si l'adrogé devenu pubère ne réclame pas contre son adrogation, rien n'empêche de lui attribuer les mêmes effets que si elle avait porté sur un citoyen pubère.

Pourquoi la promesse de l'adrogeant doit-elle être faite à un tabellion?

D'après les principes du droit romain l'on ne peut stipuler pour autrui. Or l'adrogeant doit promettre, pour le cas où l'adrogé viendrait à mourir impubère, de rendre ses biens à ceux qui sans l'adrogation seraient ses héritiers, soit testamentaires, soit légitimes, suivant que son père lui a ou non substitué pupillairement (D. 1. 40 *de vulg. et pup. substit.*). Mais ces personnes sont encore inconnues lors de la stipulation : à qui donc l'adrogé doit-il faire sa promesse ? A un *tabularius*, c'est-à-dire à une personne chargée dans chaque cité de tenir les registres publics. Autrefois on donnait ces fonctions à un esclave de la cité. Certaines personnes ont voulu voir dans la stipulation de cet esclave et la promesse de l'adrogeant l'application des règles ordinaires de la stipulation. D'après les principes on ne peut stipuler pour autrui, mais on peut être représenté dans la stipulation par son esclave : d'un autre côté, quand un esclave appartient à plusieurs maîtres, il stipule pour tous ses maîtres ou pour ceux qu'il désigne. Or ici, disent-elles, l'esclave public est supposé appartenir à tous les citoyens : il peut *donc* stipuler pour un ou plusieurs d'entre eux. En admettant cette manière de voir, l'on est toujours obligé de reconnaître l'exagération du principe : en réalité en effet il y a une bien grande différence entre la propriété que l'on possède en commun avec tels et tels et le droit que l'on a sur le domaine public. Aussi d'autres personnes se contentent-elles de voir dans la promesse faite au *tabularius* une exception aux règles ordinaires nécessitée par l'impossibilité de faire stipuler par le créancier lui-même.

Quoi qu'il en soit, la charge de *tabularius* ne fut

pas toujours donnée à un esclave : Arcadius et Honorius voulurent que désormais elle fût confiée à un homme libre (C. l. 3 *de tabular.*). De plus, observons que cette promesse ne fait naître qu'une action utile en faveur de ceux qui sans l'adrogation eussent été les héritiers du pupille (D. l. 40 *de vulg. et pup. subst.*).

Mais *quid* si l'on a négligé de demander cette *cautio* et que l'adrogé vienne à décéder avant sa puberté ? Ulpien (D. l. 19 § 1 *de adopt.*) accorde une action utile contre l'adrogeant.

Des fidéjusseurs capables de s'obliger doivent en outre garantir au *tabularius* la conservation du patrimoine de l'impubère (C. l. 2 *de adopt.*) ; mais cette *satisdatio*, dit la loi 22 *de adoptionibus* au Digeste, n'a d'effet que lorsque le pupille meurt avant sa puberté : et aussi selon nous lorsqu'il est exhérédé ou émancipé avant d'être devenu pubère.

Ceci posé, examinons quels effets particuliers se trouvent produits par l'adrogation d'un impubère.

Commençons par signaler la fin de la tutelle à laquelle il se trouvait soumis : la tutelle n'atteint que les impubères *sui juris ;* or l'adrogation rend l'adrogé *alieni juris*, puisqu'elle le met sous la puissance de l'adrogeant.

Pour pouvoir indiquer plus facilement les autres particularités de cette adrogation, nous envisagerons successivement les diverses hypothèses qu'elle

peut nous présenter, à savoir : 1° le cas où le pupille est émancipé avant sa puberté ; 2° celui où,
encore impubère, il est exhérédé ; 3° celui où il
meurt avant sa puberté ; 4° celui où il atteint sa
puberté sans aucun de ces événements.

1° Si pendant que l'adrogé est encore impubère
il vient à être émancipé, il faut examiner si l'adrogeant l'émancipe avec ou sans justes motifs. S'il
a des motifs pour le faire, il doit prouver au magistrat devant lequel il émancipe que l'adrogé a
mérité d'être exclu de sa famille. Cette preuve faite
et l'émancipation opérée, l'adrogeant doit restituer
à l'adrogé tous les biens qu'il lui a apportés tant au
moment de son adrogation que postérieurement ;
mais là s'arrête son obligation. Qu'arriverait-il si
l'adrogeant obligé de restituer ces biens les avait
vendus ? La question ne peut présenter de difficulté qu'au temps où les biens de l'adrogé passaient
en pleine propriété à l'adrogeant. Sous Justinien
en effet l'adrogeant n'est pas propriétaire des
biens de l'adrogé, il n'en a que l'usufruit. L'aliénation qu'il en ferait ne serait donc pas valable.
Mais lorsque l'adrogeant se trouvait acquérir en
pleine propriété les biens de l'adrogé, il pouvait
ensuite d'après les principes les aliéner valablement. Que serait-il donc arrivé si postérieurement
il eût été obligé de les restituer ? Antonin le Pieux
avait décidé que toute aliénation faite en fraude de
l'impubère adrogé serait révoquée au moyen d'une
action favienne ou calvisienne utile (D. I. 13 *siquid*

in fraud. patr.). Que si l'adrogeant émancipe sans justes motifs l'adrogé impubère, il doit lui rendre tous les biens qui sans son adrogation lui appartiendraient en pleine propriété : il doit en outre lui laisser le quart de ses propres biens. Ce quart s'appelle *quarte antonine*, parce que c'est Antonin le Pieux qui a établi cette disposition en faveur de l'adrogé impubère.

2° Si l'adrogeant meurt et a par un testament valable exhérédé l'adrogé impubère, celui-ci recouvrera ses biens, et de plus aura droit à la quarte antonine, sans qu'il y ait à examiner si le testateur a eu ou non de justes motifs pour exhéréder. Si l'adrogé avait donné contre lui de justes sujets de plaintes, l'adrogeant devait l'émanciper de son vivant et en justifiant au préalable de sa conduite au magistrat devant lequel il émancipait.

La quarte antonine ne pourra jamais être réclamée qu'à la mort de l'adrogeant, quand même ce serait une émancipation sans justes motifs qui y aurait donné lieu (Arg. de la l. 1 § 21 *de collat. bonor.* au Dig.). Elle se composera du quart des biens que laissera l'adrogeant.

3° Si l'adrogé meurt avant sa puberté, il y a lieu d'examiner si lors de sa mort il se trouve encore dans sa famille adoptive. N'a-t-il pas cessé d'en faire partie ? Il faut encore voir si l'adrogeant lui a ou non survécu. Si l'adrogeant lui a survécu, il doit, au lieu de garder les biens du pupille, les rendre à ceux qui, si l'adrogation n'avait pas eu lieu, eussent été ses héritiers testamentaires ou ses héritiers légitimes. Que si l'adrogé impubère meurt après l'adrogeant, les héritiers de celui-ci sont tenus envers les héritiers du pupille, non plus en vertu de la promesse de l'adrogeant (celle-ci en effet n'a pas été donnée pour ce cas : d'ailleurs avant Justinien elle n'eût pu valoir comme faite pour un temps postérieur à la mort du promettant), mais de plein droit, aux termes mêmes du rescrit d'Antonin, par une *condictio ex lege*. Leur restitution doit porter non-seulement sur les biens dont l'adrogé a grossi le patrimoine de l'adrogeant, mais aussi sur la part qui lui revient dans la succession de ce dernier, ou, s'il a été exhérédé, sur la quarte antonine qui lui était due (**D.** l. 22 *de adopt.*).

Quid si l'adrogeant a substitué pupillairement à l'adrogé impubère? Il est évident d'abord que cette substitution sera sans force pour les biens que le pupille avait lors de son adrogation et pour ceux qu'il a acquis postérieurement mais par une cause entièrement indépendante de ce changement d'état. D'après le rescrit d'Antonin, ces biens doivent revenir à ceux qui sans son adrogation eussent été ses héritiers. Mais Ulpien décide (**D.** l. 22 § 1 *hoc tit.* et l. 10 § 6 *de pup. et vulg. substit.*) que cette substitution vaudra pour ce que l'adrogeant aura laissé à l'adrogé, pour les biens que l'adrogé aurait acquis à l'occasion de l'adrogation, par exemple, un legs venant d'un parent ou d'un ami de l'adrogeant, et aussi pour la quarte antonine.

Toutefois, si l'adrogeant avait chargé l'adrogé d'un fidéicommis, cette disposition ne vaudrait qu'autant que cet adrogeant aurait laissé à l'adrogé plus que le quart de ses biens. Ce quart en effet ne revêt point par lui-même le caractère d'une libéralité : il est acquis à l'adrogé *principali providentiâ* et non par le seul effet de la volonté de l'adrogeant (D. 1. 22 § 1 *de adopt.*).

Si l'impubère adrogé meurt après avoir été émancipé, ses héritiers ont droit aux biens qui lui eussent appartenu sans l'adrogation, que ses biens aient été ou non restitués par l'adrogeant ; ils ont droit en outre à la quarte antonine si l'adrogeant l'a émancipé sans motifs et qu'il soit mort avant lui. Mais il ne nous paraît pas probable que si l'adrogeant qui a émancipé injustement lui survit, ses héritiers puissent prétendre à cette quarte. Cette quarte constituait en faveur de l'adrogé une espèce de droit héréditaire, et un pareil droit ne saurait se transmettre avant d'être ouvert.

Nous venons d'indiquer les droits des héritiers de l'impubère émancipé qui meurt avant sa puberté ; mais nous n'avons pas encore dit quels seront ces héritiers. La réponse à cette question n'est pas sans difficultés : l'émancipation a rendu l'impubère *sui juris* et l'a fait sortir de sa famille adoptive, mais elle ne l'a pas remis dans son ancien état : il reste civilement étranger à la famille naturelle à laquelle il appartenait lors de son adrogation. Les principes ne semblent donc pas permettre que ceux qui sans cette adrogation eussent été ses héritiers légitimes, arrivent maintenant à sa succession. D'un autre côté, les substitués pupillairement par le père naturel n'ont pas plus de droits : ils ne peuvent plus invoquer la substitution pupillaire qui s'était déjà évanouie par l'adrogation; ils ne peuvent non plus invoquer la promesse que l'adrogeant avait faite de leur rendre les biens de l'adrogé s'il venait à mourir impubère, car cette promesse paraît se référer au cas où l'impubère serait mort dans sa famille adoptive.

Il nous semble cependant que si la rigueur des principes les empêche de venir en première ligne à la succession de cet impubère, en fait ceux qui sans l'adrogation eussent été ses héritiers testamentaires ou légitimes n'en peuvent être écartés. Le rescrit d'Antonin, en autorisant l'adrogation de l'impubère, a voulu pour le cas où l'adrogé viendrait à mourir avant sa puberté maintenir les droits à sa succession tels qu'ils eussent été sans cette adrogation. Comment pourrait-on admettre que des droits qu'on a pris tant de soins de sauvegarder et que l'on a maintenus malgré les principes, puissent s'évanouir par le caprice de l'adrogeant? L'émancipation de l'impubère rend-elle ces droits moins respectables et moins dignes de protection ?

La difficulté se trouverait levée et la solution précédente confirmée comme règle si l'on admettait avec la loi **33** *de adoptionibus* au Digeste que l'émancipation de l'adrogé lui faisait recouvrer son ancien état : mais ce texte isolé et si contraire aux principes généraux sur l'émancipation ne nous a point paru justifier suffisamment l'admission d'une pareille exception, même pour le cas où il s'agirait d'une personne adrogée pendant qu'elle était encore impubère.

4° Nous en sommes arrivé à l'examen du cas où l'adrogé impubère arrive à sa puberté sans avoir été émancipé ni exhérédé. Voici ce que nous dit à son sujet le jurisconsulte Marcien (*hâc lege*) : « Et si pubes factus non expedire sibi in potestatem ejus redigi probaverit, æquum est emancipari eum à patre adoptivo, atque ità pristinum jus recuperare. »

Un pareil effet attribué à l'émancipation est entièrement contraire aux règles sur la matière. En présence de ce texte il faut supposer ou que le jurisconsulte Marcien a confondu l'émancipation avec la *restitutio in integrum*, ou qu'après l'émancipation de cet adrogé on lui accordait une *restitutio in integrum* contre l'adrogation et toutes ses conséquences. La première explication paraît trouver sa justification dans la loi 3 § 6 *de minoribus viginti quinque annis* au Digeste, laquelle accorde la *restitutio in integrum* au mineur de vingt-cinq ans qui se trouve lésé par son adrogation. Le second système respecte la décision du texte tout en restant conforme aux principes.

Si l'adrogé qui atteint sa puberté ne réclame pas ou si sa réclamation est rejetée, l'adrogation se trouve maintenue et produit dès lors tous les effets ordinaires.

Comme corollaire de ce qui précède, envisageons encore deux particularités de l'adrogation de l'impubère ; elles ne sont du reste que la conséquence de l'introduction de la quarte antonine.

En premier lieu l'impubère adrogé ne pourra jamais intenter la *querela inofficiosi testamenti adrogatoris*. Cette voie n'est ouverte qu'à défaut de tout autre moyen de droit pour arriver aux biens du défunt : or d'après le rescrit d'Antonin l'impubère a droit au quart de tous ses biens.

Nous savons que l'adrogé institué par son père naturel est admis à la possession de biens *contrà tabulas, commisso per alium edicto*, mais qu'alors lui ou son père adoptif est tenu du rapport envers sa famille naturelle. L'adrogé émancipé qui se trouve omis dans le testament de son père naturel est aussi admis à cette *possessio* et sous la même condition de rapport. Avant que la quarte antonine ne pût être considérée à l'égard de la famille naturelle et en matière de rapport comme l'un des objets qui eût dû faire partie du pécule adventice, il y avait lieu de se demander si elle devait être comprise dans les objets sujets à rapport. L'affirmative ne pouvait être douteuse quand la quarte était déjà entrée dans le patrimoine de l'adrogé. Mais *quid* si l'adrogé n'avait simplement que le droit de la demander ? Ulpien (D. l. 1 § 21 *de coll. bon.*) distinguait si ce droit était ou non tel qu'à cette époque l'adrogé eût pu réclamer sa quarte. Si l'adrogé pouvait alors exercer son droit, la quarte était sujette à rapport : mais si ce droit n'était pas encore ouvert, par exemple, si l'adrogé était émancipé et que l'adrogeant ne fût pas encore mort, cette quarte n'était pas comprise dans le rapport.

§ 2. — De l'adoption testamentaire.

Vers la fin de la République romaine on voit apparaître une espèce d'adoption imparfaite se faisant par testament : Velleius-Paterculus (lib. 2) nous parle de César adoptant Octave de cette manière. Suétone en cite encore d'autres exemples. Quelle était la valeur d'une pareille adoption ?

La personne ainsi adoptée était appelée aux biens et au nom du testateur ; héritière de celui-ci, elle en devait porter le nom, à moins qu'elle n'eût un juste motif de remise de cette condition, par exemple, si ce nom avait une triste célébrité (l. 63 § 10 *ad S. C. Trebell.*). Mais elle n'était pas valablement adoptée. La loi des Douze Tables qui a établi le droit et la liberté de tester, pas plus qu'aucune autre loi, n'avait reconnu une pareille adoption. Mais, nous le savons, l'adoption qui ne vaut pas d'après le droit peut être confirmée par le peuple ou par le prince (D. l. 38 *de adopt.*). C'est du reste ce qui advint à l'adoption d'Octave par César : elle fut confirmée par une loi curiate.

Par le même testament, César avait adopté

Brutus, mais au second degré. Cujas (l. 7 cap. 7 *Observ.* col. 184) nous dit que cette adoption ne put être confirmée, parce qu'elle était subordonnée à la condition tacite de toute substitution vulgaire, à savoir que l'héritier institué au premier rang ferait défaut. L'adoption par testament ne vaut en effet comme telle que lorsque la personne adoptée se trouve appelée à l'hérédité du testateur.

L'absence de texte à cet égard ne nous permet pas de savoir si cette adoption imparfaite se pratiquait encore du temps de Justinien. Cependant il y aurait quelque raison de se décider en faveur de l'affirmative en présence d'un fragment de Modestin reproduit au Digeste et qui suppose une adoption de ce genre (l. 12 *de jure patronatûs*).

DROIT FRANÇAIS.

DE L'ADOPTION.

INTRODUCTION.

L'adoption est un acte solennel par lequel l'adopté, sans changer de famille, acquiert la qualité purement civile d'enfant de l'adoptant.

Ainsi envisagée, l'adoption doit être regardée comme une institution toute nouvelle : nous ne la voyons en effet pratiquée ni dans les provinces de droit écrit ni dans les provinces de droit coutumier. Nous trouvons bien dans l'ancien droit et à des époques diverses des institutions qui ne manquent pas d'une certaine analogie avec l'adoption ; mais aucune d'elles n'établit entre les personnes qui y concourent le lien civil de la paternité et de la filiation qui forme le signe caractéristique de l'adoption.

Nous ne pouvons toutefois pas méconnaître que l'adoption fut en usage chez les Francs. Dans une formule de Marculfe rapportée par Lindebrog dans son Recueil des Capitulaires (t. 2 p. 413), nous trouvons ce passage : « ... Et te juxta quod inter nos bonæ pacis placuit atque convenit, in loco filiorum meorum visus sum adoptasse ; ita ut dum advixero, victum et vestitum... mihi in omnibus sufficienter impertias et procures, et omnes res meas quascumque habere videor.... me vivente in tuà potestate recipere debeas. » Dans une formule de Sirmond citée au même Recueil (t. 2 p. 481), nous lisons : « Mihi placuit ut illum, unà cum consensu patris sui, in civitate illà cum curià publicà *de potestate patris naturalis discedentem et in meam potestatem venientem, in loco filiorum adoptassem.* » Enfin Lobineau dans son *Histoire de Bretagne* (t. 2 p. 19) rapporte un acte analogue par lequel une dame Roïantdrech, ayant perdu son fils et ayant encore deux filles, adopta pour fils un duc de Bretagne nommé Salomon. Cet acte est du neuvième siècle : « Cum enim legaliter liceat unicuique nobilium... quemlibet filium super eam (hereditatem) adoptare, idcirco Roïantdrech adii venerabilem principem Salomonem, ipsumque, *quasi proprium filium et ex carne meâ genitum, super totam meam hereditatem recepi...* Et quamdiu vixero ipse me custodiat ac defendat super hoc quod teneo, et post mortem meam totum recipiat, nisi quantum illi placuerit *filiabus meis, id est sororibus ejus,* dare. »

Grenier (*Traité de l'adoption*), qui cite ces actes, refuse d'y voir une véritable adoption et n'y trouve qu'un moyen d'assurer sa succession à tout autre qu'aux héritiers de droit. Ce sentiment ne se trouve point partagé par Proudhon. Nous sommes aussi porté à le croire exagéré. Sans doute dans la formule de Marculfe l'acte règle les effets *pécuniaires* de l'adoption vis-à-vis de l'adopté ; dans l'acte rapporté par Lobineau, Roïantdrech manifeste clairement la volonté que le duc de Bretagne soit son héritier comme le serait son fils. Mais quelle conséquence doit-on en tirer, sinon que la portée juridique de l'adoption ne paraissait pas suffisamment déterminée? Alors ceux qui adoptaient réglaient eux-mêmes les principaux effets de leur adoption.

Quoi qu'il en soit, observons que si l'adoption fut en usage sous la monarchie franque, elle n'était plus pratiquée depuis bien des siècles.

Le premier monument législatif que nous ayons sur l'adoption est le décret du 18 janvier 1792. Par ce décret, l'assemblée nationale décida que son comité de législation comprendrait dans le corps général des lois civiles des dispositions relatives à l'adoption. Cette institution se trouva dès lors admise comme principe, mais les conditions, la forme et les effets de l'adoption ne furent réglés que par le titre huitième du premier livre du Code Napoléon. Or ce titre ne fut décrété que onze ans après, le 2 germinal an XI. Mais dans l'intervalle des adoptions avaient eu lieu : quel devait en être le sort? Leur appliquer les règles de notre titre, c'eût été lui faire produire un effet rétroactif : d'un autre côté, il y eût eu profonde injustice à déclarer nuls des actes que le législateur avait jugé à propos d'admettre en principe avant d'en déterminer l'organisation, actes dont le seul tort était de s'être produits avant cette organisation. Une loi spéciale devenait donc nécessaire pour en déterminer le sort : elle ne se fit pas attendre : elle fut votée vingt-trois jours après le décret du titre de l'adoption.

Cette loi valida toutes les adoptions faites par acte authentique depuis le 18 février 1792 jusqu'à la publication du titre de l'adoption, sans rechercher si elles étaient ou non accompagnées des conditions imposées depuis pour adopter ou être adopté. En outre, ceux qui avaient été adoptés étant mineurs eurent pendant trois mois à partir de la promulgation de cette loi la faculté de renoncer à l'adoption. S'ils étaient encore mineurs lors de cette promulgation, ce délai de trois mois ne devait commencer à courir qu'à partir de leur majorité.

Quant aux effets de ces adoptions, le législateur distinguait s'ils avaient été ou non déterminés par acte authentique ou par jugement passé en force de chose jugée. En cas d'affirmative, ces actes devaient être exécutés suivant leur forme et teneur. Mais si les droits de l'adopté étaient inférieurs à ceux accordés par le titre de l'adoption, les autres pouvaient lui être conférés par une nouvelle adoption faite conformément aux règles de ce titre, mais sans autres conditions de la part de l'adoptant que d'être sans enfants ni descendants légitimes, d'avoir quinze ans de plus que l'adopté, et si l'adoptant était marié, d'obtenir le consentement de l'autre époux.

En l'absence ou à défaut de toute espèce d'acte authentique spécifiant ce que l'adoptant avait voulu donner à l'adopté, celui-ci devait jouir de tous les droits accordés par le titre de l'adoption. Toutefois l'adoptant pouvait pendant six mois à partir de la promulgation de cette loi déclarer valablement devant le juge de paix de son domicile que son intention n'avait pas été de conférer à l'adopté tous les droits de successibilité qui appartiendraient à un enfant légitime. Cette déclaration faite régulièrement réduisait les droits de l'adopté quant à la successibilité au tiers de ceux qui auraient appartenu à un enfant légitime.

Dans tous les cas l'adopté restait dans sa famille naturelle : l'obligation de se fournir des aliments dans les cas prévus par la loi était commune entre l'adoptant et l'adopté ; l'adopté devait ajouter à son nom propre celui de l'adoptant ; enfin le droit de succession anomale sur les biens de l'adopté ou de ses descendants devait avoir lieu en faveur de l'adoptant ou de ses descendants de la même manière que si l'adoption avait été faite postérieurement à la promulgation de notre titre.

Nous ne nous arrêterons pas davantage sur cette loi transitoire qui, par les actes auxquels elle s'applique, doit être considérée comme faisant partie du droit intermédiaire.

Comme nous n'étudions ici que le droit privé.

nous n'avons nullement à nous occuper des adoptions qui par leur nature sortent complétement de son domaine. Le décret du 25 janvier 1793 par lequel la Convention nationale adopta la fille de Lepelletier, les autres lois relatives aux adoptions nationales, les dispositions législatives rendues à diverses époques et concernant l'adoption par l'empereur ou par la famille impériale restent donc entièrement en dehors de notre sujet.

Dans le droit nouveau, l'adoption ne reçut pas sans difficulté sa consécration définitive. Admise par Cambacérès dans ses divers projets de Code civil, elle ne figurait pas dans le dernier projet de ce Code rédigé par Tronchet, Bigot-Préameneu, Portalis et Malleville. Mais les observations du tribunal de cassation et de quelques tribunaux d'appel déterminèrent la section de législation au conseil d'État à proposer une loi sur cette matière. Berlier fut chargé de la rédiger. Le projet qu'il en fit eut aussi ses vicissitudes et dut subir bien des transformations avant d'arriver à sa rédaction définitive. L'institution que nous allons étudier avait été loin de présenter à tous le même intérêt : elle avait été envisagée à des points de vue bien divers. Un grand nombre de conseillers d'État avaient voulu la repousser entièrement comme inutile, dangereuse et même immorale. Parmi ceux qui l'admettaient, les uns voulaient en faire une institution publique et les autres une institution privée. Ceux-là mêmes qui la proposaient comme une institution privée ne s'accordaient pas entr'eux sur son caractère et sur ses effets. Le premier consul voulut d'abord que l'adoption fût une imitation parfaite de la nature « ou plutôt, nous dit Locré, une institution qui détruisît celle de la nature : le fils ne devait plus connaître que son père adoptif; il devait même le préférer au père qui lui avait donné la vie. » Un pareil système ne se trouvait nullement en harmonie avec les mœurs françaises de cette époque. Le premier consul lui-même ne tarda pas à le reconnaître et lors de la reprise de la discussion du Code civil, après onze mois d'interruption, il proposa le système qu'auparavant il avait repoussé avec vigueur, et dont le vrai point de départ se trouvait dans le Code prussien. L'adoption devait se borner à une création de rapports juridiques entre l'adoptant et l'adopté, sans opérer aucun changement de famille.

C'est avec ces caractères que l'adoption passa dans notre législation.

Institution toute de droit privé, elle a un double but : « Par elle, nous dit Proudhon, l'orphelin retrouve un père, la faiblesse un protecteur et la jeunesse un guide. » Par elle aussi, celui qu'un mariage stérile, l'âge ou toute autre infirmité prive de l'espoir d'avoir un enfant se crée un continuateur de son nom et un soutien de sa vieillesse; elle console encore par une paternité fictive celui que la mort a frappé dans ses descendants. Ajoutons qu'elle crée aussi un nouveau moyen de récompenser le courage et le dévouement de celui qui n'a pas craint de mettre sa vie en péril pour sauver celle de son semblable.

La tâche du législateur n'était pas sans écueil : il avait à craindre qu'une adoption trop facile ne détournât du mariage, qu'elle ne cachât sous le manteau d'un acte noble et généreux des passions viles et honteuses.

Ces considérations expliquent les conditions auxquelles l'adoption est soumise et les formalités par lesquelles on arrive à sa perfection : mais les justifient-elles entièrement ? Ne serait-il pas plutôt permis d'accuser jusqu'à un certain point le législateur de les avoir exagérées et d'avoir ainsi rendu bien rare une institution qu'il voulait rendre fréquente ? Il nous est permis de le croire : et c'est ce que nous paraît prouver d'une manière frappante le passage suivant de l'exposé de motifs de Berlier au Corps législatif, lorsqu'on le met en regard des faits. « Admettez une adoption sagement organisée et vous verrez les citoyens qui n'ont ni enfants ni l'espoir d'en obtenir, se choisir de leur vivant et pour leur vieillesse, un appui dans cette classe nombreuse d'enfants peu fortunés, qui, à leur tour, paieront d'une éternelle reconnaissance le bienfait de leur éducation et de leur état. Ce ne sera plus l'orgueil qui présidera à cet acte ; l'habitant des campagnes adoptera comme celui des villes et plus souvent peut-être. » L'expérience de plus d'un demi-siècle est là pour attester que l'adoption ne s'est guère introduite dans nos mœurs. C'est du reste la conséquence nécessaire des entraves qui l'environnent.

———

On peut distinguer en droit français l'adoption ordinaire, l'adoption rémunératoire et l'adoption testamentaire.

CHAPITRE PREMIER.

DE L'ADOPTION ORDINAIRE.

L'adoption ordinaire, nous dit Proudhon, est celle qui a le caractère d'une pure libéralité de la part de l'adoptant : elle est soumise à toutes les conditions établies par la loi.

SECTION I. — *Des conditions auxquelles est soumise l'adoption ordinaire.*

Des conditions sont requises et de la part de l'adoptant et de la part de l'adopté. Le texte de la loi exige de la part de l'adoptant six conditions particulières et trois de la part de l'adopté.

I. — Voyons d'abord les conditions que doit réunir l'adoptant :

1° L'adoptant de l'un ou de l'autre sexe doit être âgé de cinquante ans révolus (art. 343).

L'espérance d'une descendance légitime pour

celui qui s'en trouve encore privé à cette époque de la vie est déjà devenue très-problématique; « quant aux célibataires, nous dit Berlier (*loc. cit.*), il en est bien peu qui après cinquante ans songent au mariage ; et, disons plus, il est peu dans l'intérêt social qu'il y songent. »

2° **L'adoptant ne** doit avoir au moment de l'adoption ni enfants ni descendants légitimes.

L'adoption n'est établie que pour ceux qui n'ont pas de postérité légitime : la loi ne voulait pas qu'elle pût porter préjudice aux enfants nés du mariage.

La présence d'un enfant ou d'un descendant légitime fait en tout cas obstacle à l'adoption : et il en est ainsi encore bien que l'ascendant ait contre lui de justes motifs de désaffection. Mais un enfant naturel reconnu par l'adoptant n'empêcherait pas l'adoption de pouvoir s'accomplir : la loi ne voit d'obstacle que dans la postérité *légitime* de celui qui veut adopter. Le même motif nous autorise à dire qu'une personne peut adopter plusieurs enfants soit par le même acte soit successivement. On en trouve du reste la preuve dans l'art. 348 du Code Napoléon, qui prohibe le mariage entre les enfants adoptifs d'un même individu. Enfin la présence d'un descendant légitime n'est un obstacle qu'à la formation de l'adoption, en sorte que, si postérieurement à l'adoption il survenait à l'adoptant un descendant légitime, le lien déjà créé et les droits acquis n'en souffriraient aucune atteinte.

L'enfant ou descendant légitimé ne ferait obstacle à l'adoption qu'autant que la légitimation lui serait antérieure ; mais si le mariage qui l'a légitimé avait été célébré postérieurement à l'adoption, celle-ci, valable dans le principe, n'en souffrirait point, alors même que cet enfant serait né et aurait été reconnu antérieurement. Cette double solution repose sur le principe que l'enfant légitimé a les mêmes droits que l'enfant légitime, mais seulement à compter du mariage de ses père et mère.

Mais que décider lorsqu'il survient à l'adoptant et postérieurement à l'adoption un enfant ou descendant légitime qui était déjà conçu au moment où cette adoption a eu lieu? Cette question se trouve diversement résolue par nos maîtres. L'esprit du Code, dit-on pour la négative, est que l'adoption une fois formée constitue des rapports fixes et immuables, contre lesquels la survenance d'un ou de plusieurs enfants légitimes de l'adoptant se trouve impuissante : or ici le sort de l'adoption dépendrait de l'accouchement de la femme ou de la bru de l'adopté et de la viabilité de l'enfant. D'un autre côté, on ne peut reprocher à l'adopté de n'avoir pas concentré toute son affection sur un enfant dont il ignorait peut-être la conception.

Que deviendra, dit-on pour l'affirmative, la règle *infans conceptus pro nato habetur quoties de commodis ejus agitur*, règle admise en sa faveur pour les successions et les donations ? Est-il possible d'ailleurs de déclarer valable une adoption faite par une femme qui serait sur le point d'accoucher? Or rejeter une pareille adoption, c'est décider négativement la question dans tous les cas : dans tous les cas en effet cette solution a la même raison d'être. Sans doute la validité de l'adoption sera en suspens ; mais cette incertitude ne sera pas de longue durée ; de plus, elle ne contrarie pas juridiquement le caractère d'irrévocabilité qui s'attache à l'adoption, puisque, s'il naît un enfant viable, l'adoption sera réputée n'avoir pu valablement se former.

L'absence présumée ou déclarée de l'enfant légitime de celui qui veut adopter est-elle un obstacle à l'adoption? Le décès de cet enfant n'étant pas légalement prouvé, l'adoptant ne se trouve pas en état de soutenir qu'il est sans descendant légitime : il ne remplit donc pas les conditions exigées par l'article 343 du Code Napoléon. La rigueur des principes nous semble exiger cette décision, alors même que l'absence serait déclarée et que l'envoi en possession définitif aurait été prononcé. Bien que dans cette dernière hypothèse tous les droits subordonnés au décès de l'absent s'exercent définitivement, sa mort n'est cependant pas certaine : c'est à tel point que la loi elle-même qui la présume quant à ses biens, ne la présume pas quant à son mariage.

Mais, si malgré cet obstacle l'adoption s'est formée, la nullité ne devra pas être prononcée *de plano* : si le décès de cet absent est incertain, son existence est loin d'être certaine. Le demandeur en nullité se trouvera donc dans l'impossibilité de prouver que l'adoptant n'a pas satisfait aux conditions exigées par la loi.

3° L'adoptant doit avoir au moins quinze ans de plus que l'adopté.

L'adoption imite jusqu'à un certain point la nature : elle donne en outre à l'adopté un protecteur et un guide, pour lequel elle lui commande le respect. Cette condition trouve donc aisément sa justification.

4° L'adoptant qui est marié doit obtenir le consentement de son conjoint.

Autrement la présence de l'enfant adoptif pourrait être une cause de troubles ou de désunion entre les époux ; car cette adoption peut porter atteinte aux conventions matrimoniales des deux époux et aux droits que le conjoint de l'adoptant peut avoir sur les biens de celui-ci : l'adopté qui se trouve dans le besoin peut réclamer des aliments de la part de l'adoptant : lors du décès de l'adoptant, il a droit de faire réduire les donations et les legs qui entament sa réserve, quand même ces libéralités auraient été faites au conjoint de l'adoptant, quand même elles l'auraient été par leur contrat de mariage; enfin si l'adoptant ne laissait ni parent au degré successible, ni enfant naturel, son conjoint se trouverait frustré par l'adopté de sa succession *ab intestat*.

Le consentement du conjoint de l'adoptant serait encore nécessaire, alors même que les époux seraient séparés de corps. La plupart des causes que nous venons de considérer continueraient d'exister : il pourrait même se faire que cette adoption à laquelle l'autre conjoint n'aurait pas consenti, n'affaiblît davantage la possibilité d'un rapprochement entre les époux.

5° L'adoptant doit avoir donné à l'adopté pendant six années de sa minorité des secours et des soins non interrompus (art. 345).

De cette manière l'adoption n'est l'œuvre ni du caprice ni de la surprise : ceux qui aspirent aux titres de père et d'enfant s'assurent déjà qu'ils en ont les sentiments : enfin, et c'est la raison pour laquelle ces soins doivent être donnés pendant la minorité de l'adopté, le législateur veut par l'espérance d'une adoption possible encourager les soins donnés à l'enfance.

6° L'adoptant doit jouir d'une bonne réputation.

Le législateur investit sur ce point les juges d'un pouvoir pleinement discrétionnaire : il les dispense même d'énoncer le motif de leur décision. Il veut en outre, afin de sauvegarder la réputation de l'adoptant, que la recherche de ses mœurs et de son caractère se fasse officieusement et sans procédure.

II. — Examinons maintenant quelles sont les conditions que la loi requiert de la part de celui qui doit être adopté et qui sont en même temps indépendantes de celles auxquelles elle astreint l'adoptant.

1° L'adopté doit être majeur (art. 346).

Au majeur seul appartient en principe le pouvoir de s'engager dans des liens indissolubles.

2° L'adopté doit obtenir lorsqu'il n'a pas encore vingt-cinq ans accomplis le consentement de ses père et mère ou du survivant et, s'il a plus de vingt-cinq ans, il doit au moins requérir leur conseil (art. **346**).

La loi veut d'une part protéger l'adopté contre son inexpérience, et de l'autre le contraindre au devoir du respect que la loi lui impose envers ses auteurs.

Cette disposition offre une très-grande analogie avec celle qui exige la même condition pour le mariage. Elle en diffère cependant sous divers rapports :

Tandis qu'en cas de dissentiment le consentement du père suffit pour le mariage, les consentements du père et de la mère sont cumulativement nécessaires pour l'adoption.

Tandis que pour le mariage la fille n'est tenue d'obtenir le consentement de ses père et mère que jusqu'à l'âge de vingt et un ans, l'article **346** ne fait pour l'adoption aucune différence entre le fils et la fille.

Sous ces deux rapports la loi s'est montrée plus sévère pour l'adoption que pour le mariage, mais sous les deux suivants c'est l'inverse qui a lieu.

A défaut des père et mère, la loi n'exige pas pour l'adoption. comme elle le fait pour le mariage, le consentement des ascendants du degré supérieur.

Après l'âge de vingt-cinq ans, un seul acte respectueux suffit pour l'adoption sans distinction entre le fils et la fille, tandis que, lorsqu'il s'agit du mariage, trois actes respectueux sont nécessaires pour le fils âgé de vingt-cinq à trente ans.

Certains jurisconsultes se sont demandé si l'époux qui se donne en adoption doit obtenir le consentement de son conjoint. La loi n'en a pas fait une condition spéciale : il n'y aurait donc lieu de l'exiger qu'autant qu'elle résulterait des principes généraux : or c'est ce qu'on ne peut admettre quant au mari, qui conserve en se mariant pleine capacité pour contracter. Quant à la femme qui se fait adopter, comme l'adoption fait naître contre elle des obligations, l'autorisation de son mari lui devient nécessaire ; mais nous pensons aussi que si le mari refuse sans motifs cette autorisation, celle de la justice peut la remplacer.

3° « Nul ne peut être adopté par plusieurs, si ce n'est par deux époux » (art. 344).

L'adoption n'imite pas rigoureusement la nature: elle cherche cependant à s'en rapprocher. Aussi paraîtrait-il choquant que l'on pût donner plusieurs mères ou plusieurs pères adoptifs au même individu. D'un autre côté, l'adoption d'une même personne par un homme et une femme qui ne sont pas époux eût pu éloigner les parents naturels du mariage en se présentant à eux comme une sorte de quasi-légitimation.

Si l'adoptant était mort, l'adopté pourrait-il être l'objet d'une nouvelle adoption de la part d'une autre personne que le conjoint de l'adoptant primitif? Nous ne le pensons pas : l'article 344 est conçu en termes trop généraux pour permettre cette distinction : et d'ailleurs le motif de la prohibition survit à l'adoptant, puisque sa mort n'éteint pas l'adoption.

Telles sont les conditions spécialement exigées par la loi : mais il va sans dire qu'il en est d'autres qui découlent des principes généraux, et que pour cette raison le législateur n'a pas cru devoir indiquer ici. Il n'y a point de doute, par exemple, sur la nécessité du consentement de la part des deux parties contractantes. Toutefois il s'en faut de beaucoup que l'on s'accorde sur la portée et l'étendue de ces principes généraux. La difficulté de leur application a fait naître plusieurs questions qui se trouvent encore aujourd'hui vivement controversées. Telles sont celles qui consistent à savoir si l'étranger peut figurer activement ou passivement dans une adoption, si l'on peut adopter son enfant naturel reconnu, si un prêtre catholique peut adopter.

Les deux premières questions feront chacune l'objet d'une position. Examinons donc la dernière.

Un prêtre catholique peut-il adopter?

Et d'abord remarquons que cette question n'a pu faire doute que pour ceux qui regardent la prêtrise comme un obstacle au mariage. Le prêtre, peuvent-ils dire, ne peut se marier : il ne peut donc avoir d'enfants légitimes; or les enfants adoptifs sont assimilés aux enfants légitimes : *adoptio naturam imitatur*. Comment dès lors admettre que le prêtre peut adopter? Quelle que soit la valeur de cet argument, sa force d'entraînement n'a pas été assez grande pour amener une décision uniforme de la part des auteurs qui regardent la prêtrise comme un empêchement au mariage. Ce résultat s'explique du reste facilement. Ceux qui soutiennent la négative dans cette question s'appuient sur la corrélation qui existe entre l'idée de mariage et celle d'enfant légitime. Cette manière de voir nous paraît trop absolue. En admettant même qu'un prêtre ne puisse pas se marier, il peut cependant avoir des enfants légitimes. Aucune loi de l'Église n'empêche un père devenu veuf d'entrer dans les ordres et d'arriver à la prêtrise. Un prêtre peut donc avoir des enfants légitimes. Et d'ailleurs la prêtrise, dans le droit nouveau, n'est généralement regardée par les adversaires du mariage des prêtres que comme un empêchement prohibitif : d'où il suit que, si un prêtre s'est marié au mépris de cette prétendue prohibition, il peut encore avoir des enfants légitimes.

Peut-être objectera-t-on que sous ce point de vue la règle que le prêtre ne peut avoir d'enfants légitimes continue de subsister en principe, puisqu'on n'arrive à la détruire que par la violation de la loi.

Si cette objection était fondée, les partisans de la négative n'en devraient pas moins reconnaître selon nous que si l'adoption par un prêtre avait eu lieu, la nullité ne saurait en être prononcée, puisqu'on déduit cette prohibition de l'empêchement au mariage du prêtre. Le prêtre dans ce système ne peut se marier ni procréer d'enfants légitimes, mais s'il viole la loi et se marie, la procréation d'enfants légitimes devient possible. Par analogie l'on doit dire : le prêtre, puisque l'adoption imite la nature, ne peut adopter ; mais si l'adoption a eu lieu, l'enfant adoptif est légalement créé : et le vice de l'adoption ne saurait en rien affecter la qualité légale d'enfant adoptif.

Ramenée à ces termes, la question serait sans utilité : car les juges ne doivent pas énoncer de motifs quand ils rejettent une adoption. Ce n'est donc que lorsqu'une pareille adoption aura été admise que sa validité pourra être mise en question : or il nous semble que cet argument d'analogie empêche qu'on puisse jamais en prononcer la nullité.

Quelle que soit la valeur de cette objection, quelle que soit aussi la valeur des considérations qui la suivent, il n'en faut pas moins reconnaître qu'un prêtre peut avoir des enfants légitimes sans violer aucune loi civile ni religieuse. Comment dès lors admettre qu'il ne puisse pas adopter ? « Sans doute, répond un auteur partisan de la négative, le prêtre pourrait avoir des enfants nés avant son ordination, mais la *génération* d'un enfant légitime lui est impossible. Or l'adoption est précisément la génération civile, juridique, d'un enfant légitime. » A cela nous croyons pouvoir objecter que le brocard *adoptio imitatur naturam* n'a pas grande valeur dans notre droit. Il est loin d'y être exact : nous verrons en effet que l'adopté reste dans sa famille naturelle, qu'il n'acquiert des droits de successibilité que sur les biens de l'adoptant, et enfin qu'il n'en donne aucun à l'adoptant ou à ses descendants, si ce n'est, et encore dans certains cas particuliers, pour les choses qui lui viennent de l'adoptant et qui se retrouvent en nature dans sa succession. On ne peut dire que l'adoption imite la nature, lorsqu'elle laisse permis le mariage entre l'adopté et la sœur de l'adoptant, entre l'adoptant et la sœur de l'adopté. Enfin si l'on voulait faire une application littérale du principe *adoptio imitatur naturam*, il faudrait commencer par dire que le célibataire ne peut adopter puisqu'en dehors du mariage la *génération* d'un enfant légitime est impossible. Or les travaux préparatoires du Code ne laissent aucun doute sur la validité d'une pareille adoption.

On a fait aussi valoir en faveur de la négative diverses considérations morales. L'adoption, a-t-on dit, détournerait le prêtre de cette mission de dévouement et d'abnégation que son caractère lui impose; d'un autre côté le prêtre ne doit avoir d'autre famille que l'humanité et d'autres enfants que les pauvres.

Ces motifs pourraient être mis dans la balance, s'il s'agissait de faire la loi : mais ils ne peuvent arrêter le jurisconsulte. Ils ne suffisent point pour infirmer une décision qui nous paraît conforme aux principes.

Ils n'ont du reste pas été assez forts pour déterminer l'Eglise à empêcher l'adoption par le prêtre : aucune loi canonique ne la défend. C'est ce que confirme une lettre du 2 juin 1841 de M. Affre, alors archevêque de Paris.

Une pareille adoption peut bien être en elle-même opposée à l'esprit de l'Eglise. Cependant il nous semble que l'Eglise, et encore moins le législateur, ne pourrait équitablement l'interdire. Pourrait-on sans injustice refuser cette consolation du cœur au prêtre que l'âge ou des infirmités ont contraint de quitter le saint ministère ? Pour quelles causes lui interdirait-on un dernier acte de bienfaisance qui ne serait que le couronnement d'une carrière vertueusement remplie ? N'y aurait-il même pas une cruauté à empêcher le prêtre de chercher dans l'adoption le moyen de combler le vide de la famille que la vieillesse ou la maladie lui fait si vivement sentir et dont la cause se trouve dans l'abnégation louable de son ministère ? L'adoption dans une semblable hypothèse serait un acte beaucoup plus honorable et beaucoup plus digne d'intérêt que l'adoption du célibataire qui n'a pas osé s'enchaîner dans les liens du mariage. Aussi ne pensons-nous pas que l'adoption du prêtre, même en matière de législation, doive être interdite d'une manière absolue.

Pour terminer ce que nous avons à dire sur les conditions de l'adoption ordinaire, observons que l'on ne doit en rien suppléer aux conditions posées par les règles spéciales et par les principes généraux : les conditions observées, l'adoption régulière en sa forme est valable. C'est pourquoi nous pouvons conclure que la non-conformité de sexe entre l'adoptant et l'adopté n'est pas un obstacle à l'adoption, que les femmes comme les hommes peuvent adopter ou être adoptées, et le célibat n'empêche point par lui-même l'adoption. Ces décisions se trouvent confirmées par les travaux préparatoires du Code (Locré, t. 6 p. 396 et suiv.).

Section II. — *Des formes de l'adoption ordinaire.*

Les formes de l'adoption sont au nombre de trois principales savoir : 1° l'acte d'adoption reçu par le juge de paix et renfermant les consentements respectifs des parties ; 2° l'homologation du contrat d'adoption par la justice ; 3° l'inscription de l'adoption sur les registres de l'état civil.

I. — « La personne qui se propose d'adopter, et celle qui voudra être adoptée se présenteront devant le juge de paix du domicile de l'adoptant pour y passer acte de leurs consentements respectifs » (art. 353).

C'est dans ce concours de volontés que se trouve le contrat d'adoption. Sans doute son existence est conditionnelle, mais si les conditions dont elle dépend s'accomplissent, l'adoption datera légalement du jour même de la formation du contrat devant le juge de paix.

Ce contrat n'est pas encore irrévocable et les parties peuvent s'en départir d'un commun accord : il continuera même d'en être ainsi jusqu'à ce que l'adoption soit inscrite sur les registres de l'état civil. Ce contrat lie cependant les parties, car l'une d'elles ne pourrait s'en départir sans le consentement de l'autre, eût-elle même un motif plausible pour le faire, par exemple, l'adoptant eût-il à se plaindre de l'ingratitude de l'adopté. Le lien a même une force telle que l'adoptant ne pourrait le faire rompre par une action judiciaire.

De ce que, selon nous, c'est au moment où les parties donnent leur consentement devant le juge de paix que se forme le contrat d'adoption, nous devons conclure que c'est alors que les parties doivent réunir les conditions prescrites par la loi. Mais faudra-t-il pour pouvoir arriver à la perfection de l'adoption que ces conditions continuent d'exister ? En cas d'affirmative, jusqu'à quelle époque cette nécessité se fera-t-elle sentir ? C'est là une question des plus controversées, question pour laquelle on ne trouve pas moins de quatre solutions différentes présentées chacune par des auteurs très-recommandables. Si nous avions à choisir parmi ces divers systèmes, nous serions tenté de décider qu'il suffit que ces conditions existent au moment où les parties contractent devant le juge de paix. L'article 343 exige chez l'adoptant l'absence de descendants légitimes à *l'époque de l'adoption*. D'un autre côté, voici ce que dit l'article 360 : « Si l'adoptant venait à mourir après que l'acte constatant la volonté de former le contrat d'adoption a été reçu par le juge de paix et porté devant les tribunaux, et avant que ceux-ci eussent définitivement prononcé, l'instruction sera continuée et l'adoption admise, s'il y a lieu. » Il résulte de ce texte que la mort de l'adoptant survenue après que l'acte d'adoption a été porté devant les tribunaux se trouve sans influence sur sa validité. Or la mort d'une personne lui enlève toute capacité juridique : ses droits civils disparaissent avec elle. Donc à partir de ce moment l'existence de ces conditions n'est plus nécessaire de la part de l'adoptant. Quels motifs y aurait-il donc pour qu'il en fût autrement à l'égard de celles qu'on exige de l'adopté? Nous n'en voyons aucune : et du reste dans les divers systèmes sur la question, la réunion des conditions requises est toujours exigée pendant le même temps et pour l'adoptant et pour l'adopté. L'article 360 n'a prévu le cas de la mort de l'adoptant que parce qu'il était plus probable. Il faut donc aussi décider que la mort de l'adopté survenue postérieurement à la remise des pièces au tribunal est indifférente à l'adoption, et qu'il en est de même s'il cesse à partir de ce moment de réunir les conditions exigées pour l'adoption.

Ceci posé, il nous reste à voir de quelle valeur

peut être la circonstance que l'acte d'adoption est ou n'est pas encore porté devant les tribunaux, lorsque l'une ou plusieurs de ces conditions vient à disparaître.

En tirant un argument *à contrario* de l'article 360, on conclut que, si l'adoptant meurt auparavant, l'adoption ne peut avoir de suite. Cette disposition aurait eu pour but d'empêcher qu'on n'arrachât une adoption à une personne déjà affaiblie par les approches de la mort.

Est-ce bien là l'esprit de l'art. 360? D'abord ces prétendues manœuvres que cet article aurait pour but de déjouer ne sont point par elles-mêmes bien à craindre en présence de l'ensemble des conditions et des formes exigées pour l'adoption. En supposant même que ces manœuvres vinssent à se rencontrer, serait-il possible de trouver une garantie quelconque dans le seul fait de la remise de l'acte d'adoption au procureur impérial? Cette remise en effet peut être faite par l'adopté seul, et même malgré la volonté de l'adoptant. Ce motif de l'article ne nous paraît donc pas de grande valeur.

Cette manière de voir se trouve confirmée par les travaux préparatoires du Code. Voici ce qu'on lit à ce sujet dans le procès-verbal de la séance du conseil d'État du 18 frimaire an xi (Locré, t. 6, p. 571) : « ... M. Berlier propose de donner à l'adoption son effet depuis la comparution devant le juge de paix. L'article est adopté avec ces amendements. »

Le rédacteur de l'art. 360 en y insérant les mots *et porté devant les tribunaux* ne s'y est donc préoccupé que de ce qui a lieu le plus souvent et n'a nullement entendu enlever toute possibilité de valider une adoption déjà consentie devant le juge de paix, mais dont l'acte n'a pas été remis au procureur impérial avant la mort de l'adoptant. Nous pouvons donc conclure qu'il suffit pour la validité de l'adoption que les conditions exigées se rencontrent au moment où le contrat se forme devant le juge de paix, et que la mort de l'une des parties ou la disparition de l'une des conditions survenue postérieurement sera juridiquement sans influence sur le sort de l'adoption. Nous disons *juridiquement*, car en pratique il pourra se faire que les tribunaux, souverains appréciateurs en cette matière, tiennent un grand compte de l'arrivée de ces événements.

Comme nous l'avons déjà vu, c'est devant le juge de paix du domicile de l'adoptant que les parties doivent se présenter. L'adoption a pour but de favoriser l'adopté : elle doit le mettre dans une position de déférence à l'égard de l'adoptant : c'est donc lui qui doit subir le déplacement, si les deux parties ne sont pas domiciliées dans le même canton. D'ailleurs ce sont le tribunal de première instance et la cour impériale dans le ressort desquels se trouve domicilié l'adoptant, qui doivent statuer sur l'admissibilité de l'adoption.

Est-il nécessaire que les parties comparaissent en

personne devant le juge de paix ? Grenier (n° 18, *de l'adoption*) le pense : la gravité de l'adoption, les termes de l'art. 353, dit-il, semblent l'exiger. Cependant l'opinion contraire a été enseignée par d'éminents professeurs. Elle s'appuie sur l'art. 1984 qui permet de se faire représenter par un mandataire dans les actes de la vie civile. L'art. 36 le permet aussi lorsqu'il s'agit des actes de l'état civil. D'un autre côté le caractère de l'adoption ne répugne en rien à cette règle : rien dans la loi n'autorise cette exception. Les termes de l'art. 353 ont en vue comme plus fréquente la comparution des parties en personne ; mais elle ne l'exige pas. Elle aurait même eu tort de l'exiger : car l'adoption se faisant devant le juge de paix, la personne que des infirmités auraient empêchée de se faire transporter au chef-lieu de canton, n'aurait pu adopter.

II. — L'adoption modifie l'état des personnes : c'est un véritable acte de l'état civil : à ce titre, il n'intéresse pas seulement les deux parties qui se sont présentées devant le juge de paix : l'autorité publique, chargée de sauvegarder les intérêts sociaux, a droit au nom de la loi d'examiner si celle-ci n'a pas été violée ni dans ses prescriptions ni dans son esprit. Aussi l'existence définitive du contrat d'adoption se trouve-t-elle subordonnée à la sanction de l'autorité judiciaire : et celle-ci ne doit la donner qu'après s'être assurée de la réunion des conditions légales et de la moralité de l'adoption.

Pour arriver à cette sanction, le contrat passé devant le juge de paix doit être successivement soumis :

1° A l'homologation du tribunal de première instance du domicile de l'adoptant. La loi a choisi ce tribunal comme celui qui pouvait le plus facilement se renseigner sur la moralité de la personne qui se propose d'adopter.

2° A l'homologation de la cour impériale.

A cet effet, la partie la plus diligente se fait délivrer une expédition du contrat d'adoption. Elle doit, dans le délai de dix jours à partir du contrat, la remettre au procureur impérial du tribunal de première instance appelé à donner son homologation (art. 354). « Le tribunal réuni en la chambre du conseil, et après s'être procuré les renseignements convenables (par telles voies qu'il voudra, mais sans formalités judiciaires), vérifiera : 1° si toutes les conditions de loi sont remplies; 2° si la personne qui se propose d'adopter jouit d'une bonne réputation » (art. 355).

« Après avoir entendu le procureur impérial, et sans aucune autre forme de procédure, le tribunal prononcera, sans énoncer de motifs, en ces termes : *il y a lieu*, ou, *il n'y a pas lieu à l'adoption* » (art. 356).

« Dans le mois qui suivra le jugement du tribunal de première instance (lequel n'est à vrai dire qu'un acte de juridiction gracieuse), ce jugement sera, sur les poursuites de la partie la plus diligente, soumis à la cour impériale, qui instruira dans les mêmes formes que le tribunal de première instance et prononcera sans énoncer de motifs : *le jugement est confirmé*, ou, *le jugement est réformé*; *en conséquence il y a lieu*, ou, *il n'y a pas lieu à l'adoption* » (art 357).

« Tout arrêt de la cour impériale qui admettra une adoption sera prononcé à l'audience, et affiché en tels lieux et en tel nombre d'exemplaires que le tribunal jugera convenable. »

Par cette procédure exceptionnelle, la loi a voulu empêcher qu'une déconsidération morale ne pût atteindre une personne dont l'adoption n'aurait pas été admise : elle a voulu aussi garantir davantage la liberté d'appréciation des tribunaux.

Deux points surtout sont à considérer dans cette forme de procédure : d'abord les jugement et arrêt ne sont jamais motivés ; ensuite tout se passe dans la chambre du conseil, à moins que l'arrêt de la cour ne déclare qu'il y a lieu à l'adoption, auquel cas l'arrêt est prononcé en audience publique. Il doit en outre être affiché en tels lieux et en tel nombre d'exemplaires que la cour jugera convenable.

L'adoption admise modifie l'état des parties : loin de la laisser secrète, le législateur devait au contraire veiller à sa publicité. C'est ce qu'il a fait par les dispositions qui précèdent.

Il n'est pas nécessaire que l'adoption reçoive l'homologation successive du tribunal de première instance et de la cour impériale. Celle de la cour est seule indispensable, et de plus sa décision est souveraine quelle qu'elle soit et qu'elle qu'ait été celle du tribunal de première instance.

Doit-on regarder comme de rigueur le délai de dix jours accordé par l'article 354 pour la remise d'une expédition de l'acte d'adoption au procureur impérial, le délai d'un mois accordé par l'article 357 pour saisir la cour impériale de la demande en admissibilité d'adoption? En d'autres termes, ces délais sont-ils prescrits sous peine de déchéance ? Zachariæ (t. 4, p. 10) et Delvincourt (t. 1, p. 102) ne le pensent pas. L'article 359, disent-ils, en accordant un délai de trois mois pour faire inscrire sur les registres de l'état civil l'arrêt portant adoption, a soin d'indiquer qu'il est de rigueur : il faut donc conclure que là où la loi n'a rien dit, on ne peut suppléer une décision aussi sévère. D'ailleurs le Tribunal avait proposé d'insérer formellement dans la loi la déchéance pour l'inobservation des délais tant des articles 354 et 357 que de l'article 359. Or le projet définitif n'a admis cette déchéance que pour le dernier délai : elle n'existe donc pas pour les autres.

Malgré ces considérations, nous déciderions plutôt que ces divers délais sont prescrits à peine de déchéance. En ne remettant pas dans les dix jours l'acte d'adoption au procureur impérial, ou en ne soumettant pas dans le mois le jugement du tribunal de première instance à la cour impériale, les parties nous paraissent avoir renoncé à l'adoption. Un nouveau contrat d'adoption serait donc nécessaire pour la former.

Cette opinion a sa raison d'être. L'adoption a fait naître conditionnellement des rapports nouveaux qui touchent à l'état civil des parties contractantes : il importe donc que leur sort en soit promptement fixé. Observons ensuite que dans l'opinion contraire l'indication de ces délais n'aurait aucun sens, puisque leur inobservation serait sans aucune sanction. D'ailleurs nous étudions maintenant la partie de notre titre qui nous indique les formes de l'adoption, les conditions extrinsèques pour arriver à la produire : il semble dès lors que l'absence d'une des conditions doit empêcher d'atteindre le but. L'argument *à contrario* tiré de l'art. 359 se trouve facilement repoussé par un argument *à fortiori* tiré de cette considération que si l'omission d'une inscription sur des registres dans un délai fixé peut rendre sans force un acte revêtu d'une sanction judiciaire aussi solennelle, à plus forte raison la nullité de l'adoption qui n'est pas encore sanctionnée doit-elle résulter de l'inobservation d'un délai.

Cette considération a probablement décidé les rédacteurs à ne pas indiquer d'une manière formelle la déchéance pour l'inobservation des délais fixés dans les articles 354 et 357. Et c'est ce qui semble résulter implicitement du procès-verbal du conseil d'État réuni pour statuer sur les modifications proposées par le Tribunat lors de la communication officieuse de notre titre. Ce document indique les points sur lesquels le projet est en dissentiment avec le Tribunat, et il n'y est nullement fait mention du cas où les délais fixés par les articles 354 et 357 ne seraient pas observés (Locré, t. 6, p. 594).

Dans la pratique à tort ou à raison l'acte d'adoption n'est pas remis au procureur impérial près le tribunal de première instance, comme l'exige l'article 354, mais la remise s'en fait par une requête adressée au président du tribunal à laquelle on joint l'acte d'adoption et toutes les pièces y relatives.

L'article 337 nous dit bien que le jugement du tribunal de première instance devra sur les poursuites de la partie diligente être soumis à la cour impériale : il ajoute qu'il faudra suivre alors le même mode de procéder qu'en première instance. Les pièces devraient donc être remises au procureur général ; mais dans la pratique on les remet au premier président par le ministère d'un avoué.

III. — La loi ne se contente pas, pour donner de la publicité à l'adoption, de faire prononcer en audience publique l'arrêt de la cour qui l'admet et de le faire afficher : elle veut de plus que l'adoption soit inscrite sur les registres de l'état civil du lieu où l'adoptant est domicilié (art. 359). Cette naissance civile, comme dit Proudhon, doit être constatée sur le registre des actes de naissance. La loi fixe pour cette inscription un délai de trois mois à partir de l'arrêt de la cour, et l'adoption qui n'est pas inscrite dans ce délai reste sans effet.

« Cette inscription, nous apprend l'art 359, n'aura lieu que sur le vu d'une expédition en forme du jugement de la cour impériale.» Mais en quoi consistera cette inscription ? De quelle manière se fera-t-elle? Ce sont toutes questions que la loi n'a pas tranchées. Une formule, il est vrai, a été à titre de modèle adressée par le gouvernement aux officiers de l'état civil, en exécution d'un avis du conseil d'État du 12 thermidor an XII. Mais cette formule exige la présence des deux parties et l'officier de l'état civil prononce entre elles l'adoption, à peu près de la même manière qu'il célèbre le mariage (Locré, t. 14, p. 277). Or d'après l'art. 359, il suffit de la réquisition de l'une des parties pour que l'officier de l'état civil doive inscrire l'acte d'adoption. Cette formule est donc inexacte en ce point : elle l'est aussi par la même raison dans le simulacre de célébration d'adoption.

D'après le texte même de l'art. 359, c'est l'adoption qui doit être inscrite, c'est-à-dire l'*instrumentum* du contrat d'adoption, en d'autres termes l'acte dressé par le juge de paix : mais d'un autre côté il paraît rationnel que l'arrêt de la cour impériale y soit inscrit ou au moins mentionné, puisque ce n'est que sur le vu d'une expédition de cet arrêt que l'inscription doit avoir lieu. Il semble aussi que l'officier de l'état civil doit faire mention de la réquisition qui lui a été faite, puisque c'est en vertu de cette réquisition que l'adoption peut être inscrite. Enfin, suivant certains jurisconsultes, la signature du requérant ou la mention de la cause qui l'empêche de signer et la présence de deux témoins seraient de bonnes mesures à observer.

Quant à la question de savoir si l'on devra regarder comme valablement faite une inscription irrégulière, elle se trouve, de même que tout ce qui concerne les actes irréguliers de l'état civil, laissée à l'appréciation des tribunaux.

Quid si l'inscription a été faite dans les trois mois à dater de l'arrêt, mais sur les registres de l'état civil d'un lieu où n'est pas domicilié l'adoptant? L'inscription devrait être considérée comme n'ayant pas été faite : autrement il faudrait dire que l'inscription dans un lieu quelconque serait suffisante, et faire de l'art. 359 une véritable lettre morte.

L'inscription de l'adoption régulièrement opérée, l'adoption devient absolument irrévocable. A partir de ce moment les parties quoique d'accord entr'elles ne pourraient lui enlever son existence. Rien désormais ne peut rompre le lien civil qu'elle a fait naître : la survenance d'un enfant légitime à l'adoptant, l'ingratitude de l'adopté seraient elles-mêmes impuissantes à produire une pareille révocation.

A partir de ce moment, l'adoption produit des effets; mais ces effets n'ont pas lieu seulement pour l'avenir : ils remontent au jour du contrat passé devant le juge de paix : c'est à ce moment en effet que le lien produit par l'adoption a pris naissance. L'existence de ce lien n'était sans doute que conditionnelle, mais l'arrivée postérieure de la condition l'a dépouillée rétroactivement de sa modalité.

Il suffit, nous l'avons vu, que les conditions requises pour l'adoption existent au moment où les parties contractent devant le juge de paix : la mort ou l'incapacité de l'une des parties survenue postérieurement est juridiquement indifférente au sort de l'adoption. Toutefois l'art. 360 prévoyant le cas où l'adoptant viendrait à mourir avant la prononciation de l'arrêt, nous dit : « Les héritiers de l'adoptant pourront, s'ils croient l'adoption inadmissible, remettre au ministère public tous mémoires et observations à ce sujet. » Grenier et Merlin enseignent que, s'ils usaient de ce droit, ils se rendraient *parties* et que la demande en adoption deviendrait alors une affaire contentieuse : d'où l'arrêt portant adoption aurait à l'égard des héritiers de l'adoptant la même force que si ayant demandé la nullité de l'adoption, ils avaient vu leur demande repoussée par un arrêt de la cour.

Cette décision ne nous paraît pas conforme aux principes : ou l'on observera la procédure indiquée par les art. 354 à 358, et alors les héritiers n'auront pu défendre leurs droits, puisque tout se sera passé dans la chambre du conseil et sans débats contradictoires ; ou l'on aura admis les héritiers de l'adoptant à contester contradictoirement la validité de l'adoption, résultat encore plus inadmissible en présence des articles précités et de la fin de l'art. 360 dont il y aurait une violation flagrante. Sans doute, réduite à ces termes, la faculté donnée aux héritiers par l'art. 360 de remettre au ministère public des mémoires et observations sur l'inadmissibilité de l'adoption se trouve être de bien peu de valeur, puisque même du vivant de l'adoptant, non-seulement ses héritiers présomptifs mais encore toute personne qui connaîtrait l'adoption, pourraient faire *officieusement* une remise analogue et chercher à éclairer la justice ; mais cette disposition de la loi donne alors à la remise des mémoires un caractère de gravité qui les recommande d'une manière spéciale à l'attention et du ministère public appelé à donner ses conclusions, et des magistrats qui doivent se prononcer sur l'admission de l'adoption.

Les mêmes parties dont la demande à fin d'adoption a été rejetée peuvent-elles la renouveler soit devant les mêmes magistrats, soit devant d'autres dans le cas où l'adoptant aurait changé de domicile ? L'affirmative se trouve généralement admise : et ce n'est pas sans motifs. L'intervention des tribunaux appelés à statuer sur l'admission de l'adoption est de juridiction gracieuse : la maxime *non bis in idem* ne saurait donc être invoquée. Il peut se faire d'ailleurs que les motifs restés secrets pour lesquels la première adoption proposée n'avait pas été admise aient disparu.

SECTION III. — *De l'absence de l'une ou de plusieurs des conditions, et de l'inobservation de l'une ou de plusieurs des formes exigées pour l'adoption ordinaire.*

Après l'examen des conditions intrinsèques ou extrinsèques spécialement exigées pour arriver à l'adoption ordinaire, essayons d'en déterminer la portée : voyons quelle en pourra être la sanction.

Sur cette matière, nous avons encore des théories bien diverses, des opinions bien dissidentes. Aussi n'est-ce pas sans une véritable crainte que nous allons hasarder celle qui nous paraît la plus acceptable.

Et d'abord nous n'entendons parler ici que des conditions et des formes spécialement prévues par notre titre, sans nous occuper des conséquences qui peuvent résulter de l'inobservation des règles générales.

La question réduite à ces termes, cherchons à la résoudre.

L'adoption ne dérive pas du droit naturel. C'est une institution due à la toute-puissance créatrice du législateur; c'est un bienfait que la loi accorde à la condition que le contrat qui en sera l'origine prenne naissance entre deux personnes réunissant les qualités spéciales qu'elle indique, et à la con-

dition aussi que ce contrat se trouve confirmé par
l'autorité judiciaire et reçoit la publicité par l'ob-
servation des formes particulières qu'elle détermine. Il semble dès lors que l'omission de l'une
de ces conditions spéciales (intrinsèques ou extrinsèques) puisse à elle seule rendre nulle l'adoption,
c'est-à-dire l'empêcher de se former. Cette décision
est rigoureuse ; mais quel autre parti prendre en
présence du silence de la loi ? Il est évident que
l'inobservation de toutes les conditions, ou même
de certaines d'entr'elles (par exemple, la circonstance que l'adopté est plus âgé que l'adoptant),
doit nécessairement faire obstacle à la validité
de l'adoption. Sera-t-il permis de distinguer parmi
ces conditions leur plus ou moins d'importance ?
Mais comment justifier cette distinction ? Sur quels
éléments reposera-t-elle ? Un des éminents auteurs
qui ont écrit sur la matière enseigne que l'inobservation des conditions spéciales exigées pour l'adoption tantôt entraînera la nullité du contrat, tantôt
sera sans influence sur sa validité. En outre, parmi
les nullités qui en résulteront, les unes seront ab-
solues et les autres relatives. Ainsi la nullité sera
absolue si l'adoptant a des enfants légitimes lors
de l'adoption ; elle sera relative si elle résulte du
défaut de consentement des père et mère de l'a-
dopté qui n'a pas encore accompli sa vingt-cin-
quième année : il n'y aura pas nullité de l'adoption si l'adopté majeur de vingt-cinq ans n'a pas requis le conseil de ses père et mère, ou si la remise

de l'acte d'adoption au ministère public n'a pas
eu lieu dans les délais fixés par les art. 354 et 357.

Nous avons déjà cherché à justifier l'opinion
contraire en ce qui concerne ces délais : essayons
maintenant de justifier notre théorie.

Bien que la doctrine ingénieuse que nous venons de voir soit présentée par un des auteurs qui
ont le plus récemment écrit sur la matière, nous
n'avons pas pensé devoir l'admettre. Rien ni dans
le texte ni dans les travaux préparatoires du Code
n'autorise cette distinction. Peut-être eût-elle été
bonne en matière de législation; mais le silence
de la loi ne nous permet pas de la suppléer. La
conséquence tirée par l'auteur de ce qui a lieu en
cas d'inobservations de conditions analogues exigées pour le mariage, ne nous paraît pas un argument décisif. Il ne peut y avoir d'analogie entre
deux actes aussi dissemblables. Le mariage n'est
pas une institution purement civile : il existe indépendamment des lois, et celles-ci ne font que le
réglementer. Ainsi envisagé, le mariage célébré
sans la réunion de toutes les conditions exigées
par la loi ne devait pas en cas de silence du législateur être toujours et nécessairement frappé de
nullité. D'ailleurs, si les époux étaient coupables
de négligence, leur union donnait naissance à des
êtres que la loi dans l'intérêt même de la morale
devait protéger. Il y avait de bien graves motifs
pour faire fléchir la rigueur des principes. Aussi
le législateur a-t-il parlé et a-t-il pris le soin d'in-

diquer dans la plupart des cas les conséquences qu'il attachait à l'inobservation de ses préceptes.

L'adoption au contraire est une pure institution du droit civil, qui ne peut et ne doit exister que sous les conditions exigées par la loi. Et c'est ici une différence fondamentale. L'analogie existe si peu entre le mariage et l'adoption, que M. Demolombe lui-même permet le premier acte à l'étranger et lui refuse le second. D'un autre côté, la négligence d'une personne en présence d'un bienfait que la loi lui accorde mérite-t elle donc la même indulgence que celle commise par une personne dans l'exercice d'un droit que la loi ne fait que réglementer? Enfin la faute de l'adoptant et de l'adopté ne frappe que les deux parties qui n'ont pas observé la loi : sa nullité n'entraîne ni pour eux ni pour leur famille les graves conséquences qui résultent pour des époux et pour leur famille de la nullité d'un mariage. Il n'y a donc pas lieu de raisonner par argument *à pari* et de déduire des règles sur le mariage celles sur l'adoption.

Ainsi l'inobservation de l'une quelconque des conditions spéciales (intrinsèques ou extrinsèques) exigées par la loi nous paraît devoir amener la nullité de l'adoption. Toutefois il nous semble qu'il faut admettre une exception à cette règle en ce qui touche la condition de bonne réputation dont l'adoptant doit jouir. L'homologation judiciaire de l'adoption en doit être considérée comme une preuve invincible.

Cette exception résulte de l'esprit de la loi qui, sans ranger cette condition parmi les autres, se contente dans l'article 355 de charger les juges de s'assurer de son existence. D'un autre côté, la loi, pour ménager la réputation de l'adoptant, ne veut ni enquête ni renseignements publics : comment admettrait-elle ensuite une action en nullité fondée sur ce que l'adopté ne jouissait pas d'une bonne réputation.

La nullité résultant de l'inobservation de l'une des conditions exigées par la loi est absolue. L'adoption est réputée n'avoir aucune existence légale : elle peut donc être proposée par quiconque y a un intérêt né et actuel. Ainsi l'adoptant et l'adopté pourront l'invoquer ; les héritiers de l'adoptant le pourront aussi, agissant soit comme ses successeurs universels, soit en leur propre nom.

De ce que l'adoption est sans aucune existence légale, il ne faut pas craindre d'en conclure que la nullité en pourra être proposée à toute époque, sans qu'aucune prescription puisse éteindre l'action des intéressés. Toutefois nous n'entendons parler que de l'action en nullité d'adoption, de cette action qui a pour objets les rapports de paternité et de filiation civiles créés par l'adoption : car en ce qui concerne les intérêts pécuniaires qui peuvent en résulter, l'action qui y serait relative n'en resterait pas moins soumise à la prescription.

Par quelle voie la nullité de l'adoption peut-elle

être demandée en justice? De même que tout autre contrat, l'on doit intenter l'action devant le tribunal de première instance du domicile du défendeur. sauf appel à la cour dont ce tribunal dépend. Quel est en effet l'acte que l'on conteste? Une prétendue adoption, un prétendu contrat formé devant le juge de paix. Sans doute l'acte attaqué a déjà provoqué la décision d'un tribunal de première instance et celle d'une cour impériale; mais ces décisions sont intervenues comme homologation, espèce de visa dû à la juridiction gracieuse. Il est si vrai qu'il n'y a eu à proprement parler ni jugement ni arrêt que ces décisions n'ont statué sur aucune contestation, puisque l'adoptant et l'adopté étaient d'accord.

La demande en nullité d'adoption attaquant un contrat sur lequel il n'est intervenu aucune sentence judiciaire proprement dite, les règles sur la compétence devront être observées. Un tribunal de première instance sera donc le tribunal de première juridiction, soit que l'action en nullité se présente comme action principale, soit que la question de nullité de l'adoption se présente incidemment.

La justification de la solution que nous venons de donner explique suffisamment pourquoi nous n'avons pas cru que l'adoption devait être attaquée soit par la voie de recours en cassation, comme le décide Toullier, soit par la voie de la requête civile, soit par la voie de l'appel. Observons toutefois que

Merlin (t. 7, § 11, n° 3 quest. de droit) décide que l'adoption doit être attaquée par la voie de l'appel, en se fondant précisément sur ce que l'arrêt portant adoption est un acte de juridiction gracieuse. Il s'appuie sur ce passage de Dunod (*Traité de l'aliénation de l'Église*, p. 22) : « Les actes de juridiction volontaire peuvent être révoqués par le tribunal même qui les a faits, lorsqu'il est mieux informé et que l'on procède devant lui par la voie contentieuse. »

Nous ne pensons pas que ce passage d'un ancien auteur suffise dans le droit nouveau pour empêcher de suivre en matière contentieuse judiciaire la voie ordinaire tracée par le Code de procédure.

Section IV. — *Des effets de l'adoption ordinaire.*

L'adoption a pour effet principal de créer entre l'adoptant et l'adopté un rapport de quasi-paternité et de quasi-filiation. Le lien juridique qu'elle établit offre une certaine analogie avec celui qui a sa cause dans une paternité et une filiation réelles ; mais il ne lui est point identiquement semblable. La parenté civile créée par l'adoption établit des rapports beaucoup moins étendus et beaucoup moins complets. L'adopté continue en effet de rester dans sa famille naturelle sans entrer dans celle de l'adoptant : l'adoption produit un lien qui n'enchaîne que ceux qui la contractent.

De ce que l'adopté reste dans sa famille naturelle, il résulte qu'il y conserve tous ses droits et tous ses devoirs. Ainsi l'obligation de se fournir des aliments dans les cas prévus par la loi continuera de subsister entre l'adopté et ses ascendants ou ses alliés (art. 349) ; de même c'est le consentement ou le conseil de ses ascendants qu'il doit toujours demander pour contracter mariage ; enfin, sauf les droits de succession anomale qu'ont dans certains cas l'adoptant ou ses enfants sur certains biens de l'adopté, les droits de successibilité réciproque entre celui-ci et ses parents n'éprouvent aucune modification.

De ce que l'adoption ne crée des rapports juridiques qu'entre l'adoptant et l'adopté il faut, indépendamment de cette conséquence que l'adopté n'entre pas dans la famille de l'adoptant, en conclure qu'il ne naît pas d'obligation alimentaire entre l'adopté et les ascendants de l'adoptant, et réciproquement. Il en résulte aussi que l'adopté n'acquiert aucun droit de successibilité sur les biens des parents de l'adoptant (art. 350). Il ne pourrait donc prétendre de son chef à leur succession ; il ne pourrait pas davantage, en cas de prédécès de l'adoptant, le représenter dans la succession de ses père et mère, ou de ses frères et sœurs, puisque la représentation n'est possible qu'à la condition d'avoir soi-même une vocation propre et personnelle.

Bien que l'adoption ne fasse naître entr'eux aucun lien de parenté ni d'alliance, l'art. 348 prohibe le mariage :

« Entre l'adoptant, l'adopté et ses descendants ;

Entre les enfants adoptifs du même individu ;

Entre l'adopté et les enfants qui pourraient survenir à l'adoptant ;

Entre l'adopté et le conjoint de l'adoptant, et réciproquement entre l'adoptant et le conjoint de l'adopté. »

Le législateur a cru nécessaire pour maintenir la pureté des relations de la famille d'enlever l'espoir du mariage entr'elles aux personnes qui souvent habitent le même toit.

Observons que l'art. 348 ne prohibe le mariage ni entre l'adopté et les ascendants de l'adoptant, ni entre l'adopté et les enfants naturels de l'adoptant. Dans le premier cas le danger que cet empêchement a pour but d'éviter n'était nullement à craindre en présence du grand âge que doit avoir nécessairement l'auteur de celui qui adopte : le silence de la loi s'explique donc suffisamment. Nous n'en dirons pas autant pour ce qui concerne la seconde hypothèse : il peut très-bien arriver que l'enfant naturel de l'adoptant habite sous le même toit que l'adopté. Le danger que le législateur a voulu prévenir existerait donc si la prohibition ne s'appliquait pas à ce cas. Jusqu'à un certain point même, il serait permis de la conclure directement de l'article 348 : il prohibe le mariage entre l'adopté et les enfants qui pourraient survenir à l'adoptant ; il ne distingue pas si ces enfants sont légitimes ou naturels. Cette prohibition doit donc s'appliquer aussi bien aux enfants naturels survenus après l'adoption qu'aux enfants légitimes. Il ne pourrait donc y avoir de doute qu'à l'égard des enfants naturels nés avant l'adoption. Or comment ne pas leur appliquer la même prohibition qu'aux autres, puisque les mêmes motifs existent? Nous disons plus, puisque la prohibition se trouve alors avoir une grande raison d'être, l'âge de ces enfants naturels se rapprochant davantage de celui de l'adopté.

C'est une question qui a été vivement controversée que celle de savoir si les empêchements au mariage créés par l'art. 348 étaient dirimants ou seulement prohibitifs. Proudhon et Merlin soutiennent que ce sont des empêchements dirimants. Nous ne pensons pas qu'il faille donner à cette question une solution aussi rigoureuse. Il n'y a en effet d'empêchements dirimants que ceux indiqués comme tels par la loi; or ceux dont nous nous occupons ne sont pas de ce nombre. En vain pour repousser notre opinion assimilerait-on à la parenté naturelle la parenté fictive que la loi fait résulter de l'adoption; car l'art. 184 qui prononce les nullités de mariage, renvoie uniquement aux art. 161, 162 et 163, et ne s'occupe pas des cas prévus par l'art. 348.

Doit-on, comme certains auteurs l'enseignent, décider que deux époux ne peuvent être adoptés par la même personne? Le frère et la sœur par adoption, disent-ils, ne peuvent se marier ensemble : comment admettre qu'on rende frère et sœur par adoption le mari et la femme? En l'absence de texte positif qui prohibe cette adoption, il nous semble qu'on ne peut induire cet empêchement de l'art. 348. Cet article en effet n'est pas la conséquence de la maxime *adoptio naturam imitatur*. Par cette prohibition, le législateur a voulu sauvegarder les mœurs de la famille; il a voulu empêcher que l'espoir d'un mariage n'y favorisât des désordres faciles : or ces dangers ne sont plus à craindre lorsque ceux que l'on veut adopter sont déjà mariés.

L'adoption, nous l'avons dit, ne crée des rapports juridiques qu'entre l'adoptant et l'adopté : il s'ensuit donc qu'elle n'établit aucun lien ni entre les parents de l'adopté et ceux de l'adoptant, ni entre l'adopté et les parents de l'adoptant, ni même entre les parents de l'adopté et l'adoptant.

Toutefois doit-on admettre absolument la dernière partie de cette formule et aller jusqu'à dire que les enfants et descendants légitimes de l'adopté restent complétement étrangers à l'adoptant? Doit-on au contraire les regarder comme étant d'après le droit civil les petits-fils de l'adoptant? Cette question est d'une grande importance : de sa solution dépendent les réponses à faire à des questions non moins graves. Suivant que nous considérerons les enfants légitimes de l'adopté comme étant civilement les petits-fils de l'adoptant, ou que nous les regarderons comme lui étant

étrangers, nous devrons leur accorder ou leur refuser le droit de recueillir sa succession de leur
chef ou par représentation ; nous devrons déclarer
que la dette alimentaire existe ou n'existe pas entre
l'adoptant et les enfants de l'adopté.

Cette question si importante divise les auteurs :
tandis que Toullier considère les enfants légitimes
de l'adopté comme étant d'après le droit civil les
petits-fils de l'adoptant, Merlin distingue entre les
enfants de l'adopté qui étaient nés avant l'adoption
et ceux qui ne sont nés que depuis : Grenier et Delvincourt décident qu'ils lui sont entièrement étrangers. C'est cette dernière opinion que nous avons
cru devoir préférer : nous en faisons l'objet d'une
position.

Après ces préliminaires, nous arrivons à l'examen des effets directs que l'adoption produit entre
l'adoptant et l'adopté. Parmi ces effets, les uns se
produisent entre vifs ; les autres sont relatifs soit
à la succession de l'adoptant, soit à celle de l'a-
dopté ou de ses enfants.

Le Code Napoléon nous indique trois effets produits entre vifs.

D'abord l'adoption confère le nom de l'adoptant à l'adopté qui l'ajoute au sien (art. 347). Toutefois si l'adoption est faite par une femme mariée
ou veuve, ce n'est pas le nom de son mari mais
son nom de famille qui est transmis à l'adopté.
Cette décision, qu'un article du Code prussien con-
sacre, s'appuie sur ce que la femme en se mariant

conserve son nom de famille et sur ce qu'elle n'a pas le pouvoir de transmettre à d'autres le nom de son mari.

En second lieu l'adoption crée un empêchement de mariage entre l'adoptant et l'adopté. Nous avons indiqué précédemment le motif et la portée de cette prohibition.

Enfin aux termes de l'art. 349 la dette alimentaire, qui continue d'exister entre l'adopté et ses ascendants légitimes, existe aussi entre lui et son père adoptif. Mais dans quel ordre existera-t-elle quand ils seront en présence de parents légitimes ou d'alliés qui en sont aussi tenus? L'adopté ayant sur les biens de l'adoptant le même droit de succession qu'un enfant légitime, son obligation sera exactement la même : ce point ne souffre pas de difficulté. Mais en ce qui concerne l'adoptant, la question est plus difficile : il n'a pas en principe de droits de succession sur les biens de l'adopté ; il n'y a dès lors pas lieu de se décider pour lui d'après la maxime *ubi est successionis emolumentum, ibi et onus (alimentorum) esse debet.* C'est ce qui a fait dire à un auteur que les aliments ne devaient être exigés de l'adoptant qu'autant qu'il n'existerait aucun descendant ou ascendant légitime de l'adopté en état de lui en fournir. Telle n'a pas été selon nous l'intention du législateur : car les termes de l'art. 349 paraissent assimiler quant à la dette alimentaire l'adoptant au père légitime et l'adopté au fils légitime.

Cette obligation réciproque d'aliments n'existe pas, selon nous, entre l'adoptant et les enfants de l'adopté. Ceci est la conséquence du principe que nous avons admis, à savoir que l'adoption n'établit aucun lien civil entre l'adoptant et les enfants de l'adopté.

A ces effets entre vifs de l'adoption, le Tribunat avait proposé d'ajouter que l'adoptant exercerait sur l'adopté l'autorité des père et mère, telle qu'elle est réglée par les lois à l'égard des majeurs de vingt et un ans (Locré, t. 6, p. 588), mais cette addition n'a pas été faite, et de plus l'art. 348 déclare que l'adopté restera dans sa famille naturelle : d'où il suit que l'adopté n'est pas tenu de demander pour son mariage le consentement ou le conseil de l'adoptant : il en est ainsi sans qu'il y ait à distinguer si l'adopté a encore ou non des ascendants capables de manifester leur volonté.

L'adoption, alors même qu'on envisage les rapports qu'elle crée entre l'adopté et l'adoptant, n'est donc qu'une image bien imparfaite de la paternité réelle. La loi a même trouvé si peu d'analogie entre ce rapport et la véritable paternité que le Code Napoléon n'emploie pas comme le droit romain les expressions *père adoptif*, *fils adoptif*, mais dit toujours *l'adoptant, l'adopté*.

Doit-on conclure de là que les dispositions qui établissent des incapacités et des présomptions fondées sur les qualités de père et d'enfant ne sont pas applicables à l'adoptant et à l'adopté ? Ainsi l'adopté peut-il être assigné comme témoin dans un procès civil où figure l'adoptant? L'art. 268 du Code de procédure est-il sans application en ce qui le concerne? En est-il de même de l'art. 911 du Code Napoléon et doit-on dire que la donation faite à l'adopté, alors que l'adoptant est incapable de recevoir, n'est pas réputée faite à ce dernier par personnes interposées ? Les auteurs qui examinent la question lui donnent généralement une solution négative et pensent que l'on doit appliquer à l'adoptant et à l'adopté les incapacités et les présomptions fondées sur les qualités de père et d'enfant. Sans doute, disent-ils, l'adoption ne crée qu'un rapport imparfait de paternité et de filiation : mais ce véritable rapport de paternité et de filiation est cependant bien le type de celui qu'elle établit, et c'est ce type qui apparaît toujours malgré les altérations diverses que la loi lui fait subir. Ces auteurs en trouvent la preuve dans l'art. 299 du Code pénal qui qualifie de parricide le meurtre des pères ou mères adoptifs. L'art. 312 du même Code applique la même théorie pour le cas de coups ou blessures donnés volontairement à l'adoptant par l'enfant adoptif.

Passons maintenant aux effets de l'adoption relatifs à la succession de l'adoptant.

« L'adopté, dit l'art. 350 du Code Napoléon, aura sur la succession de l'adoptant les mêmes droits que ceux qu'y aurait l'enfant né en mariage, même quand il y aurait d'autres enfants de cette dernière qualité nés depuis l'adoption. »

Ainsi, quant aux droits héréditaires que l'adoption lui confère snr la succession de l'adoptant, l'adopté se trouve complétement assimilé à un enfant légitime ; il exclut donc et les collatéraux de l'adoptant et même ses ascendants. Ces derniers n'ont dès lors aucun droit à la réserve qu'ils eussent pu réclamer si l'adoption n'avait pas eu lieu. L'adoptant a-t-il eu des enfants légitimes postérieurement à l'adoption ? L'adopté concourt avec eux identiquement de la même manière que s'il était enfant légitime. L'adoptant a-t-il plusieurs enfants adoptifs ? Tous ont quant à la succession de l'adoptant les mêmes droits que s'ils étaient enfants légitimes. Supposons-nous l'adopté en présence d'un enfant naturel reconnu par l'adoptant? L'adopté réduit la portion de celui-ci au tiers de ce qu'il aurait eu s'il eût été légitime (art. 757).

De ce que l'adopté a dans la succession de l'adoptant les mêmes droits que son enfant légitime, il faut encore en conclure qu'il a droit à une réserve sur les biens de l'adoptant. La réserve sur les biens d'une personne est en effet la quotité non disponible de son patrimoine, c'est-à-dire la portion de biens qu'elle doit laisser dans sa succession *ab intestat*. Le droit à la réserve constitue donc un véritable droit à la succession.

Si le droit de réserve qu'a l'adopté se trouve presque unanimement reconnu, l'on est loin de s'entendre sur la portée qu'il lui faut accorder. Suivant Delvincourt l'adopté ne peut exercer sa réserve que sur les biens que l'adoptant laisse au jour de son décès et dont il aura disposé par legs. Cette réserve ne saurait, dit-il, s'appliquer aux donations entre vifs antérieures ou postérieures à l'adoption, puisque l'article 350 n'accorde de droit à l'adopté que sur la succession de l'adoptant, et que ces biens ayant été donnés irrévocablement ne s'y trouvent plus. Suivant Grenier et Toullier, la réserve de l'adopté doit porter tant sur les biens dont l'adoptant a disposé par donations entre vifs postérieures à l'adoption que sur les biens qu'il laisse au jour de son décès ; mais elle ne saurait atteindre les donations faites avant l'adoption. Nul ne peut, disent ces auteurs, révoquer ou diminuer par son fait personnel les droits qu'il a concédés à des tiers : l'adoption ne doit donc porter atteinte aux donations qui lui sont antérieures ; mais les donations postérieures ne doivent nuire en aucune façon aux droits qu'elle a fait naître. D'ailleurs l'adopté ne devait pas compter sur des biens qui n'étaient déjà plus dans le patrimoine de l'adoptant lorsque l'adoption s'est formée. Faire porter la réserve sur ces biens, ce serait ouvrir à la fraude un moyen de porter atteinte à des libéralités d'un caractère irrévocable. Enfin Merlin et l'annotateur de Toullier enseignent une troisième opinion d'après laquelle la réserve de l'adopté se trouve régie par les mêmes principes que celle de l'enfant né en mariage, et s'exerce tant sur les biens donnés antérieurement ou postérieurement à l'adoption que sur ceux que l'adoptant laisse au jour de son décès.

Ce dernier système nous a paru préférable et nous en faisons l'objet d'une position.

C'est pourquoi nous devons conclure que la réserve atteint aussi l'institution contractuelle que l'adoptant aurait faite à son conjoint. Nous devons en conclure aussi que si postérieurement à l'adoption, l'adoptant s'est marié l'adopté pourra comme un enfant légitime né d'un précédent mariage invoquer l'art. 1098. Aux termes de cet article, l'homme ou la femme qui ayant des enfants d'un autre lit contractera un second ou subséquent mariage, ne pourra donner à son nouvel époux qu'une part d'enfant légitime le moins prenant et sans que dans aucun cas ces donations puissent excéder le quart des biens. MM. Zachariæ, Aubry et Rau (t. 4, p. 24) ne sont pas de cet avis. Cette réserve spéciale, objectent-ils, ne saurait s'étendre à l'adopté puisque l'article 1098 par son texte même ne s'applique qu'aux enfants *nés d'un autre lit* : d'ailleurs lorsqu'il s'agit d'un enfant adoptif le motif de l'article n'existe plus puisqu'il est fait en haine des secondes noces. — Ces objections nous paraissent tomber naturellement en présence de l'art. 350 qui assimile entr'eux l'adopté et l'enfant né en mariage quant à tout ce qui concerne la succession de l'adoptant. D'un autre côté ce n'est véritablement pas la haine des secondes noces qui a dicté la disposition de l'article 1098; cette disposition a eu surtout pour but, comme nous le dit Pothier (*Traité des don. entre vifs*, sect. 3, art. 8) « d'empêcher la femme qui

se remarie de donner trop d'atteinte aux parts que
ses enfants des précédents mariages ont droit d'attendre en sa succession... » Or relativement à la
succession de l'adoptant l'article 350 met l'adopté
sur la même ligne que l'enfant né en mariage : les
droits que l'adoption lui confère doivent donc être
protégés contre le mariage subséquent de l'adoptant.

Ici se place naturellement la question de savoir
si l'adoption emporte révocation pour cause de survenance d'enfant des donations faites par l'adoptant. Nous ne le pensons pas. La révocation pour
cause de survenance d'enfant est une disposition
qui s'accomplit actuellement et en faveur du donateur lui-même. « La raison de cette révocation est,
dit Pothier, que celui qui n'ayant pas d'enfant fait
une donation, ne la fait qu'à cause de la persuasion
où il est qu'il n'aura pas d'enfant ; que s'il pré-
voyait en avoir, il ne donnerait pas ; d'où on a tiré
la conséquence que la donation devait être censée
contenir en soi une clause tacite et implicite de la
révocation en cas de survenance d'enfant. » Cette
disposition de la loi protége donc surtout et en première ligne le donateur : ce n'est donc pas un droit
établi en faveur de son enfant. Et cela est si vrai
que le donateur pourrait dépenser follement les
biens que cette révocation fait rentrer dans son patrimoine, sans que son enfant pût s'en plaindre. Il
pourrait de même en faire l'objet d'une nouvelle
donation, sans que son enfant eût d'autres droits

dessus que celui de réduction, droit qu'il aurait eu sur la première donation si elle n'avait pas été sujette à révocation. La révocation de la donation pour cause de survenance d'enfant n'a donc pas lieu en faveur de l'enfant mais en faveur du donateur : par conséquent l'adopté ne saurait l'invoquer de son chef ; l'adoptant ne pourrait pas non plus l'invoquer du sien, car aucun texte ne lui procure les avantages de la paternité réelle.

La présence de l'enfant adoptif d'un descendant donataire fait-elle obstacle au droit de retour légal, ou plus exactement de succession anomale établie par l'art. 747 au profit de l'ascendant donateur ?

Cette question nous paraît demander une solution affirmative. Le droit que l'art. 747 confère à cet ascendant est un véritable droit de succession, et ce droit conserve ce caractère encore bien qu'il constitue une exception au principe de l'art. 752 qui ne considère ni la nature ni l'origine des biens pour en régler la succession. Mais l'ascendant donateur n'est appelé à exercer ce droit qu'autant que le donataire est mort sans postérité : la loi lui préfère donc les enfants légitimes du donataire. Or l'art. 350 accorde à l'adopté sur la succession de l'adoptant les mêmes droits qu'à l'enfant né en mariage. L'adopté doit donc exclure l'ascendant donateur de son droit de succession anomale. Cette décision paraît encore se justifier par ce point de vue que l'adoption renferme virtuellement en faveur de l'adopté une disposition des biens donnés et rend de cette manière impossible l'ouverture du droit de l'ascendant donateur.

La solution que nous venons de donner en ce qui concerne le droit de succession anomale de l'ascendant donateur ne devrait pas être étendue au droit de retour conventionnel. Ce droit diffère totalement du précédent : loin d'être un effet de la loi, il naît de la convention des parties ; il n'existe qu'autant que le donateur a stipulé que le bien qu'il donnait lui ferait retour s'il survivait soit au donataire seul, soit au donataire mort sans postérité, soit au donataire et à ses enfants. La donation dans ces diverses hypothèses n'est pas pure et simple comme dans le cas où elle a été faite par l'ascendant donateur sans aucune insertion de clause de droit de retour : elle se trouve faite sous une condition résolutoire pour le cas où le donateur survivrait ou au donataire et à sa postérité, ou au donataire mort sans postérité. Or il n'est guère à supposer que lorsque dans une donation l'on stipule le droit de retour pour le cas où le donataire mourrait sans postérité, les deux parties aient entendu assimiler le fils adoptif du donataire à son propre enfant. Il faut donc décider avec Grenier (*de l'adoption*, n° 39) que la présence de l'adopté ne peut empêcher l'exercice du droit de retour conventionnel.

Nous n'avons pas à rechercher ici si les enfants de l'adopté peuvent recueillir la succession de l'adoptant soit par représentation en cas de prédécès, soit de leur chef en cas de renonciation ou d'indignité de l'adopté. Nous avons déjà préjugé la question en faveur de la négative en décidant précédemment que l'adoption n'établissait aucun lien civil entre l'adoptant et les enfants de l'adopté.

Après avoir examiné le cas le plus probable, celui où l'adoptant meurt avant l'adopté, voyons ce qui arrive dans l'hypothèse inverse, lorsque c'est l'adopté qui prédécède.

En principe la succession de l'adopté se trouve réglée d'après le droit commun et comme s'il n'y avait pas eu d'adoption. La loi, pensant sans doute que l'adoption a lieu dans l'intérêt de l'adopté, n'a pas cru devoir y appeler l'adoptant.

Mais la justice demandait que le législateur fît une exception à cette règle et qu'il ne laissât point passer dans la famille de l'adopté les biens qui lui venaient de l'adoptant. C'est dans ce but que les art. 351 et 352 confèrent à l'adoptant et à ses descendants un droit de succession anomale sur ces biens. Ces articles n'ont pas qualifié d'une manière aussi positive la nature de ce droit; mais ils la laissent suffisamment voir. L'adoptant, dit l'art. 352, *succède* aux choses par lui données à l'adopté : d'un autre côté, aux termes de l'art. 351, l'adoptant ne succède qu'aux biens qui existent en nature lors du décès de l'adopté; il contribue aux dettes et doit respecter les droits acquis par les tiers du chef de l'adopté. Ces caractères de la succession anomale et l'absence de ceux qui constituent le véritable droit de retour ne laissent, malgré l'expression *retour-*

neront de l'art. 351, aucun doute sur la nature de ce droit.

Nous devons donc y voir un véritable droit héréditaire, semblable à celui que l'art. 747 confère à l'ascendant donateur du donataire mort sans postérité. Par suite, ce droit se trouve soumis aux règles qui régissent les successions *ab intestat* : c'est ainsi qu'il s'ouvre à la même époque, qu'il ne peut faire durant la vie de l'adopté l'objet d'aucune renonciation ; que celui qui en profite est tenu des dettes de la succession proportionnellement à la part pour laquelle les biens qui s'y trouvent soumis figurent dans la succession. C'est aussi comme conséquence de la nature de ce droit qu'aux termes de l'art. 351 l'adoptant ou ses descendants doivent respecter les droits concédés à des tiers sur ces biens, sans qu'il y ait à distinguer si cette concession a été faite à titre onéreux ou à titre gratuit, par disposition entre vifs ou par testament : d'où il suit qu'ils n'ont aucun droit de réserve sur ces biens.

Quand et en faveur de qui ce droit de succession anomale prend-il naissance ?

Les art. 351 et 352 le font naître non-seulement lorsque l'adopté est mort sans descendants légitimes, mais aussi lorsque l'adopté laissant des descendants, ceux-ci sont eux-mêmes décédés sans postérité. Il y a toutefois une différence remarquable entre ces deux hypothèses. Lorsque l'adopté meurt sans descendants légitimes, l'adoptant qui lui a survécu recueille les choses par lui données ; et, si l'adoptant est déjà prédécédé, ses descendants sont appelés à recueillir les choses données par l'adoptant et de plus celles provenant de sa succession. Lorsque l'adopté est mort laissant des descendants et que ceux-ci sont eux-mêmes décédés sans postérité, le droit de succession anomale sur les choses données existe encore au profit de l'adoptant qui a survécu ; mais, si l'adoptant est mort, ses descendants se trouvent sans aucun droit sur les biens qui viennent de lui.

On décide généralement que, si l'adopté avait laissé plusieurs enfants, l'adoptant ne pourrait recueillir que dans la succession du dernier mourant les choses par lui données. On s'appuie sur les art. 351 et 352 combinés. L'art. 352 n'appelle l'adoptant à la succession anomale que pour le cas où les enfants ou descendants de l'adopté, tous par conséquent, mourraient sans postérité ; d'un autre côté, l'art. 351 ne donne ce droit à l'adoptant que lorsque l'adopté est mort sans aucun enfant ; l'esprit de la loi est donc que, tant qu'un des enfants de l'adopté survit, le droit de l'adoptant ne doit pas s'ouvrir.

Ce droit de succession anomale s'ouvrira-t-il si l'adopté meurt sans descendant légitime, mais en laissant un enfant adoptif ? Nous pensons qu'il faut répondre négativement, comme nous l'avons fait précédemment lorsqu'il s'agissait du droit semblable que l'article 747 confère à l'ascendant donateur.

Il s'agit encore ici des droits relatifs à la succession de l'adoptant : or à ce point de vue son fils adoptif est assimilé à ses enfants légitimes (art. 350).

Nous avons vu que, lorsque l'adopté qui a survécu à l'adoptant meurt sans postérité, les descendants légitimes de l'adoptant sont appelés à lui succéder quant aux biens qui lui viennent de son père adoptif. Devra-t-on sous ce rapport assimiler à ces descendants un autre enfant adoptif du même adoptant ? Zachariæ (t. 4, p. 225) ne le pense pas et avec raison. L'article 350 en effet n'assimile l'adopté à l'enfant légitime qu'en ce qui concerne la succession de l'adoptant. La circonstance que l'adoption du *de cujus* a fait éprouver à l'autre enfant adoptif le même tort qu'aux descendants de l'adoptant, ne nous paraît suffisante pour permettre de contredire l'opinion de cet auteur. Le droit de succession anomale constitue, comme son nom l'indique, un droit exceptionnel qu'il ne convient pas d'étendre. Le tort que l'adoption cause aux enfants de l'adoptant, aux enfants du sang, explique et justifie une exception que n'eût sans doute pas dictée au législateur un préjudice semblable causé à un enfant adoptif.

Si l'adopté ou son descendant survivant laisse en mourant des descendants, mais que ceux-ci renoncent à la succession, nous pensons que l'adoptant ou à son défaut ses descendants ou l'adoptant seulement, suivant les distinctions précédentes, peut exercer le droit de succession anomale ; car aux yeux de la loi (art. 785) l'héritier qui renonce est réputé n'avoir jamais été héritier.

Sur quels biens doit porter ce droit de succession anomale? Sur ceux qui proviennent de l'adoptant, c'est-à-dire sur les biens qu'il a donnés lorsque c'est lui-même qui l'exerce, et tant sur les biens donnés par l'adoptant que sur ceux provenant de sa succession lorsque par suite de son prédécès ce sont ses descendants qui sont appelés à cette succession. Toutefois, aux termes de l'art. 351, l'adoptant ou ses descendants ne sont appelés à recueillir les choses qui proviennent de l'adopté qu'autant qu'elles existent encore en nature. Doit-on prendre cette règle dans le sens rigoureux de la lettre, ou la compléter par celle que l'article 747 établit dans le cas analogue de la succession anomale de l'ascendant donateur? En d'autres termes, l'adoptant ou ses descendants succèdent-ils, comme l'ascendant donateur, aux actions en reprise ou au prix encore dû des biens provenant de l'adoptant mais que l'adopté ou ses descendants ont aliénés? La question est controversée, mais nous croyons devoir opter pour l'affirmative, dont nous faisons une position.

CHAPITRE II.

DE L'ADOPTION RÉMUNÉRATOIRE.

L'adoption rémunératoire est celle par laquelle l'adoptant veut témoigner sa reconnaissance à l'a-

dopté qui a sauvé au péril de sa vie celle de l'adoptant, par exemple, en venant à son secours dans un
combat, en l'arrachant aux flammes, en le retirant
des flots. Le texte de l'art. 345 n'est pas aussi explicite : il ne permet l'adoption rémunératoire que
dans les trois cas que nous venons de donner à titre
d'exemple. C'est ce qui a fait dire à Proudhon que
l'adoption rémunératoire n'était pas permise dans
d'autres cas. Cette interprétation généralement rejetée nous paraît trop rigoureuse : il ne faut voir que
des exemples dans les trois cas cités par l'art 345.
Ceci résulte de l'exposé des motifs de Berlier au
Corps législatif : « Nous avons maintenant à vous en-
tretenir d'une autre espèce d'adoption dirigée…..
envers celui dont on a reçu le service extraordinaire
de la conservation de sa propre vie, dans des circonstances propres à signaler un grand dévouement »
(Locré, t. 6, p. 608). Pour quels motifs d'ailleurs aurait-on protégé davantage les trois hypothèses citées
par l'art. 345? Est-ce qu'il n'y a pas des circonstances où le libérateur court un danger physique
plus grand? Celui qui, lorsqu'un édifice s'écroule,
n'a pas craint de s'y précipiter pour enlever à la mort
une victime, n'a-t-il donc pas aussi bien mérité que
l'habile nageur qui s'est jeté dans les flots pour sauver son semblable?

Mais l'esprit de l'article 345 semble exiger que le
dévouement de l'adopté ait été jusqu'à mettre sa vie
en péril, et nous en voyons la preuve dans les hypothèses qu'il cite à titre d'exemple. Nous ne regarde-

rions donc pas comme permise l'adoption rémunératoire d'un médecin qui à force de soins assidus mais
sans avoir mis ses jours en péril aurait rendu son ma-
lade à la vie et à la santé.

Semblable à l'adoption ordinaire et dans sa forme
et dans ses effets, l'adoption rémunératoire n'en diffère qu'en ce qui concerne les conditions requises de
la part de l'adoptant : la loi, tenant compte des circonstances auxquelles cette adoption doit sa première origine, a cru devoir se relâcher alors de la rigueur de ses règles. Aussi n'exige-t-elle plus que
l'adoptant ait cinquante ans révolus, qu'il ait quinze
ans de plus que l'adopté, qu'il ait fourni des secours
et donné des soins non interrompus à celui qu'il se
propose d'adopter pendant six années au moins de
sa minorité. La loi permet alors l'adoption si celui
qui se propose d'adopter est majeur et plus âgé que
l'adopté, pourvu bien entendu qu'il remplisse les autres conditions exigées de la part de tout autre adoptant, savoir :

1° Qu'il n'ait au moment de l'adoption ni enfants
ni descendants légitimes ;

2° Que, s'il est marié, il obtienne le consentement de son conjoint ;

3° Qu'il jouisse d'une bonne réputation.

Il suffit donc quant aux conditions d'âge que
l'adoptant soit majeur et plus âgé que l'adopté.
L'irrévocabilité de l'adoption fait facilement comprendre pourquoi la loi veut que celui qui se propose d'adopter soit majeur. Sans l'intérêt que mé-

rite le dévouement de l'adopté dans l'adoption rémunératoire, nous comprendrions plus difficilement pourquoi il suffit que l'adoptant soit plus âgé que l'adopté. S'il eût été monstrueux qu'il pût être plus jeune, il faut convenir qu'il est presque aussi monstrueux de voir que l'adoptant puisse n'avoir que quelques jours de plus que l'adopté. Cette règle du reste prouve une fois de plus combien il serait inexact de prendre dans un sens absolu le brocard *adoptio naturam imitatur.*

En ce qui concerne les conditions requises de la part de l'adopté, l'adoption rémunératoire ne nous paraît nullement différer de l'adoption ordinaire, pas même quant à la condition que celui qui est l'objet de l'adoption ne soit pas déjà adopté, si ce n'est par le conjoint de l'adoptant.

CHAPITRE III.

DE L'ADOPTION TESTAMENTAIRE.

L'adoption testamentaire est celle que fait dans un testament un tuteur officieux en faveur de son pupille. La loi ne l'a permise qu'à celui qui, étant depuis un certain temps le tuteur officieux d'un enfant, craint de mourir pendant la minorité de cet enfant et sans pouvoir dès lors lui conférer l'adoption ordinaire.

I. *Conditions.* — Cette adoption est soumise à trois conditions spéciales :

1° Il faut que le testament qui la confère ait été

fait après cinq ans au moins depuis l'établissement de la tutelle officieuse. De cette manière le tuteur officieux aura pu suffisamment apprécier son pupille : l'attachement qu'il aura pour lui ne sera pas l'effet d'un caprice mais sera le fruit du temps et de la réflexion.

Qu'arrivera-t-il si le tuteur officieux fait son testament avant l'expiration des cinq ans depuis la tutelle, et meurt mais après l'expiration des cinq années? L'adoption qu'il aura faite dans ce testament vaudra-t-elle? Malgré l'opinion contraire de **M. Odilon-Barrot** (*Encyc. du dr.*, n° 63), nous ne le pensons pas. Lorsque le tuteur a inséré cette disposition dans son testament, il n'avait aucune capacité pour le faire. Dans le principe cette disposition était donc nulle et sans aucune existence légale. En présence d'une pareille nullité, la capacité survenue postérieurement au testateur doit être considérée comme un fait entièrement indifférent. En vain objecterait-on que la volonté du testateur est présumée durer jusqu'au moment de son décès, puisqu'en ce qui concerne l'adoption testamentaire, cette volonté ne s'est pas légalement manifestée et qu'il ne peut être question de maintenir ce qui n'existe pas.

2° Il faut que le tuteur officieux décède avant la majorité de son pupille et sans avoir révoqué son testament. L'adoption testamentaire devient donc sans effet lorsque le pupille devient majeur du vivant de son tuteur officieux. Il faut voir la preuve implicite de cette doctrine dans le but de ce genre d'adoption : le législateur l'a permise dans la prévoyance du décès du tuteur avant la majorité du pupille (art. 366); d'un autre côté l'art. 368 nous dit expressément que, lorsque le pupille sera devenu majeur, il faudra pour l'adopter suivre les formes prescrites pour l'adoption ordinaire. En présence de ces dispositions nous ne pensons pas qu'il soit permis de conclure avec M. Chardon que la survie du tuteur officieux à la majorité du pupille n'infirmerait en rien l'adoption testamentaire.

Mais doit-on aller jusqu'à dire qu'au moment même où le pupille devient majeur, l'adoption testamentaire s'évanouit définitivement, de telle sorte que si le jour même ou le lendemain le tuteur officieux vient à mourir, le pupille ne puisse invoquer cette clause du testament ? En l'absence de texte, nous ne pensons pas que l'on puisse aller jusque là. Par l'adoption testamentaire, le législateur a voulu donner au tuteur officieux le moyen d'adopter son pupille dans la prévoyance du cas où la mort ne lui permettrait pas de recourir à l'adoption ordinaire. Or cette faveur ne pourrait-elle pas devenir une dérision si l'adoption testamentaire s'évanouissait à l'instant même où le pupille devient majeur et avant que celui-ci et son tuteur n'aient eu moralement sinon matériellement le temps nécessaire pour se rendre devant le juge de paix et consentir à l'adoption ? Il semble donc que les juges ne devraient déclarer l'adoption testamentaire sans effet qu'autant qu'il se serait écoulé entre la majorité de l'enfant et la mort du tuteur officieux assez de temps pour procéder à l'adoption ordinaire.

3° Il faut enfin que le testateur ne *laisse* en mourant aucun descendant légitime (art. 366). Peu importe donc qu'il ait eu des enfants soit après avoir fait son testament soit même à ce moment, pourvu que tous soient morts avant lui. Cette décision contredite par M. Odilon-Barrot (*loc. cit.* n° 50) et par M. Taulier (t. 1, p. 468) se déduit du texte par un argument *à contrario*. D'un autre côté, il s'agit d'un testament, c'est-à-dire d'un projet qui ne doit se réaliser et conférer l'adoption qu'à la mort du testateur.

Pour l'adoption testamentaire, il n'est pas nécessaire que le tuteur officieux, s'il est marié, obtienne le consentement de son conjoint. La véritable raison en est que cette adoption ne doit avoir d'effet qu'à la mort de l'adoptant, et partant à une époque où son mariage sera dissous.

II. *Forme.* — Comme cela résulte de son nom, cette adoption se fait par *acte testamentaire*. Cette dernière expression qu'emploie l'art. 366 et qu'aucun autre texte ne vient restreindre prouve que le législateur a permis au tuteur officieux de recourir indistinctement aussi bien au testament olographe ou au testament mystique qu'au testament par acte public.

Cette adoption constitue tant par son caractère que par sa forme une disposition testamentaire;

il s'ensuit donc que, comme toute disposition de ce genre, le testateur peut toute sa vie la révoquer à son gré. Il en résulte aussi que cette disposition se suffit à elle-même, c'est-à-dire qu'il n'est nulle= ment besoin pour qu'elle soit valable que le testa- teur l'accompagne d'une disposition quelconque de biens. Enfin tout acte testamentaire qui la contien- drait et qui, pour cause d'inobservation des formes, ne pourrait valoir comme testament serait aussi sans force quant à l'adoption testamentaire.

Le texte du Code Napoléon ne soumettant l'adop- tion testamentaire à aucune autre formalité que celle d'être faite par acte testamentaire, il nous sem= ble permis d'en conclure qu'il n'entend l'astreindre ni à l'homologation par les magistrats ni à l'inscrip- tion sur les registres de l'état civil. En l'absence de texte, l'analogie d'effets qui existe entre cette adop- tion et les deux autres ne nous paraît pas autoriser l'admission d'une doctrine opposée, dont la consé- quence inévitable serait de faire déclarer nulle toute adoption testamentaire qui n'aurait pas reçu l'homologation judiciaire, ou qui n'aurait pas été inscrite sur les registres de l'état civil.

En supposant l'adoption testamentaire régulière- ment faite, on ne peut encore la regarder comme existant définitivement. La volonté du tuteur offi- cieux n'a pu donner à son pupille la qualité d'a- dopté sans son consentement : il faut donc, pour que l'adoption soit définitive, qu'elle ait été acceptée par celui-ci ou par ses représentants. Mais comment se fera cette acceptation et quel en sera l'effet? La loi est restée muette sur le mode d'acceptation. D'un autre côté la qualité de fils est trop importante par elle-même pour qu'on puisse l'enlever ou l'attribuer irrévocablement à un enfant sans sa participation : c'est à tel point que le Code dans l'adoption ordinaire et aussi dans l'adoption rémunératoire ne permet d'en investir qu'une personne majeure. Aussi la généralité des auteurs a-t-elle été amenée à conclure que l'acceptation ou la répudiation d'une adoption testamentaire par les représentants de celui qui en est l'objet, est toujours provisoire et que l'adopté devenu majeur peut alors prendre définitivement une toute autre décision. C'est pourquoi nous devons dire que l'adoption testamentaire ne devient parfaite et irrévocable qu'autant qu'elle se trouve acceptée par l'adopté devenu majeur.

III. *Effets.* — L'acceptation une fois faite par l'adopté devenu majeur, tous les effets de l'adoption ordinaire se produisent moins bien entendu ceux que la mort de l'adoptant rend inutiles.

Après avoir parlé de l'adoption testamentaire, disons quelques mots de la tutelle officieuse qui est une de ses conditions essentielles.

APPENDICE.

De la tutelle officieuse.

La tutelle officieuse est un contrat unilatéral et de bienfaisance par lequel une personne prend en-

vers un mineur l'engagement d'administrer gratuitement sa personne et ses biens, de l'élever et de
le mettre en état de gagner sa vie.

Institution toute nouvelle créée par le législateur
français pour préparer et faciliter l'adoption, la tutelle officieuse se trouve être d'une application très-
rare. Il faut, selon nous, en voir la cause dans les
charges et les obligations qu'elle entraîne contre
celui qui se détermine à devenir tuteur officieux.

I. *Conditions.* — La tutelle officieuse étant
un contrat, il faut le consentement et de celui qui
veut devenir tuteur officieux et du mineur ou plutôt de ses représentants.

Mais quels seront les représentants dont le consentement devra suppléer à celui de l'enfant? Ce
seront ses père et mère s'ils existent tous deux et
sont en état de manifester leur volonté. Si l'un d'eux
est mort ou dans l'impossibilité de manifester sa
volonté, le consentement de l'autre suffira. A défaut
des père et mère, le consentement du conseil de
famille devra suppléer à celui de l'enfant, sans
qu'il y ait à distinguer si cet enfant a encore ou non
des ascendants. Si l'enfant n'a pas de parents con-
nus, il devra être suppléé à son consentement par
celui des administrateurs de l'hospice où il aura été
recueilli ou par celui de la municipalité du lieu de
sa résidence (art. 361).

Par municipalité, il faut entendre ici le maire de
la commune, car depuis la loi du 28 pluviôse an VIII

l'administration collective de la commune dite municipalité a fait place à un administrateur unique qui est le maire et à défaut un de ses adjoints. C'est donc par inadvertance et par suite de souvenirs encore récents alors que le législateur s'est servi de l'expression *municipalité*. Nous ne pensons donc pas qu'elle désigne ici le conseil municipal, comme le prétendent certains auteurs.

La tutelle officieuse étant un moyen d'arriver à l'adoption, la loi exige plusieurs conditions auxquelles elle soumet l'adoption ordinaire. Ainsi le tuteur officieux doit : 1° être âgé de plus de cinquante ans ; 2° n'avoir ni enfants ni descendants légitimes ; 3° obtenir, s'il est marié, le consentement de son conjoint (art. 360 et 362).

Outre ces conditions, un auteur très-recommandable exige de la part de l'adoptant qu'il soit capable de gérer la tutelle ordinaire, attendu que la tutelle officieuse est une véritable tutelle. Il pose toutefois une exception en faveur des femmes qui en général ne peuvent pas être tutrices, et il se fonde sur ce que la tutelle officieuse est un préliminaire de l'adoption et que l'adoption est permise aux femmes.

De son côté, le pupille doit être âgé de moins de quinze ans, pour qu'il puisse recevoir les soins du tuteur pendant six années de minorité; il faut de plus, bien que le texte ne le dise pas, qu'il ne soit soumis à aucune autre tutelle officieuse, si ce n'est à celle du conjoint du tuteur officieux. Pour justifier cette seconde condition, observons d'une part que nul ne peut être adopté par plusieurs si ce n'est par deux époux et que la tutelle officieuse est un moyen d'arriver à l'adoption ; d'autre part que l'on ne comprendrait guère l'administration des biens et de la personne du pupille par plusieurs personnes indépendantes les unes des autres.

II. *Formes*. — « Le juge de paix du domicile de l'enfant dressera procès-verbal des demandes et consentements relatifs à la tutelle officieuse » (art. 363).

Cet acte doit être passé devant le juge de paix du domicile de l'enfant en vertu, dit-on, du principe que la tutelle s'organise au domicile du mineur (art. 406).

Cet acte est soumis à un droit fixe de 50 fr. (loi du 28 avril 1816).

III. *Effets*. — La tutelle officieuse est une des conditions indispensables pour arriver à l'adoption testamentaire. Elle facilite aussi l'adoption ordinaire puisqu'elle assure au pupille des secours et des soins non interrompus pendant six années de minorité au moins. Enfin, en principe et sauf diverses exceptions, elle impose les mêmes obligations et confère les mêmes pouvoirs à un tuteur officieux qu'à un tuteur ordinaire. Le tuteur officieux a la garde et la direction de la personne du pupille sans qu'il y ait à distinguer si celui-ci a encore ou non son père et sa mère ou l'un d'eux, car ses auteurs en consentant à la tutelle officieuse ont consenti par cela même à ses effets. Ce n'est pas à dire pour cela que les auteurs du pupille cesseront d'avoir la puissance paternelle : ils la conserveront mais en tant qu'elle pourra s'accor-

der avec les pouvoirs du tuteur officieux. Des jurisconsultes reconnaissent même le droit de correction
à l'auteur qui exerce la puissance paternelle.

Comme un tuteur ordinaire, le tuteur officieux
reçoit l'administration des biens du pupille. Toutefois cette règle ne nous paraît entièrement exacte
que pour les biens qui ne seraient pas grevés de l'usufruit légal du père ou de la mère; car le consentement que cet auteur a donné à la tutelle officieuse
ne peut être dans le silence de la loi considéré
comme une cause de déchéance de l'usufruit légal
et partant les biens qui s'y trouvent soumis doivent continuer d'être administrés par l'usufruitier.
L'art. 365 paraît donc pécher en deux points lorsqu'il dit : « Si le pupille a quelque bien et s'il était
antérieurement en tutelle, l'administration de ses
biens..... passera au tuteur officieux. » En effet l'administration des biens que possède le pupille et dont
aucun de ses deux auteurs encore vivants n'a la jouis-
sance passe au tuteur officieux, encore bien que ce
pupille ne fût pas précédemment en tutelle. A l'inverse l'administration des biens que possède le pupille mais dont l'auteur survivant a l'usufruit ne
passe pas au tuteur officieux, bien qu'avant la tutelle
officieuse le pupille se trouvât déjà en tutelle.

L'administration des biens par le tuteur officieux
offre cette particularité que le tuteur ne peut imputer les frais d'éducation sur les revenus du pupille. Cette disposition tient à ce que celui qui se
charge d'une tutelle officieuse contracte par cela

même l'obligation d'élever et de nourrir à ses frais celui qui en est l'objet.

De ce que le tuteur officieux a en général les mêmes obligations qu'un tuteur ordinaire, la plupart des auteurs en tirent la conséquence que ses immeubles sont grevés de l'hypothèque légale, lors même que le pupille aurait encore ses père et mère. Quelques-uns vont même jusqu'à conclure qu'en pareil cas il y a toujours lieu de nommer un subrogé-tuteur; mais il s'en faut de beaucoup que tous les jurisconsultes admettent cette dernière règle d'une manière aussi étendue. Des auteurs graves croient devoir la rejeter lorsque le pupille a encore son père et sa mère : ils se fondent sur ce qu'aucun texte ne l'exige, sur ce que le contrôle du père et de la mère doit être beaucoup plus efficace que tout contrôle de subrogé-tuteur, et sur ce qu'une subrogée-tutelle dans ces circonstances pourrait paraître blessante et écarter de la tutelle officieuse.

Indépendamment des effets qui précèdent, la tutelle officieuse en produit encore un qui lui est tout spécial : elle oblige le tuteur officieux à nourrir le pupille, l'élever et le mettre en état de gagner sa vie (art. 364). Cette disposition explique pourquoi le tuteur officieux, aux termes de l'art. 365, ne peut jamais imputer les dépenses de l'éducation sur les revenus du pupille. Mais l'obligation du tuteur officieux ne portant que sur les dépenses relatives à la personne du pupille, il faut décider que, comme tout autre tuteur, il pourra se faire tenir compte

des dépenses et des frais d'administration occasion-
nés par les biens du pupille.

La nature de l'obligation du tuteur résulte clairement de l'art. 364 combiné avec l'art. 369. D'après
l'art. 364, le tuteur est obligé « de nourrir le pupille, de l'élever, de le mettre en état de gagner sa
vie. » D'après l'art. 369, si le pupille devenu majeur
n'est pas adopté par le tuteur officieux et qu'il ne
soit pas en état de gagner sa vie, le tuteur officieux
pourra être condamné à une indemnité. Cette indemnité se résoudra en secours propres à lui procurer un métier. » Ainsi le tuteur officieux doit
élever le pupille et lui faire apprendre un métier.

Mais quelle sera la sanction de cette obligation ?

Durant la tutelle certains auteurs accordent un
droit de contrôle aux représentants du pupille et
paraissent en cas de conflit laisser aux tribunaux le
soin de prononcer pour le plus grand avantage de
l'enfant.

Si la tutelle est finie, il faut d'abord examiner si
elle a pris fin par la mort du tuteur officieux ou par
la majorité du pupille.

Le tuteur officieux est-il mort durant la minorité
de son pupille ? Il faut distinguer s'il l'a ou non
valablement adopté par acte testamentaire. Si le
pupille a été l'objet d'une adoption testamentaire,
il faut se reporter à ce que nous avons dit précédemment. Si le pupille n'a pas été adopté par testament, que le tuteur ne l'ait pas pu ou ne l'ait pas
voulu, « il lui sera, dit l'article 367, fourni durant

sa minorité des moyens de subsister dont la quotité et l'espèce… seront réglées soit amiablement entre les représentants respectifs du tuteur et du pupille, soit judiciairement en cas de contestation. » L'obligation contractée par le tuteur d'élever gratuitement le pupille passe donc à ses héritiers.

Ce règlement amiable de la quotité de la dette alimentaire nous paraît constituer par lui-même un acte d'administration que le législateur a considéré comme pouvant être valablement fait par le représentant du mineur.

Le tuteur officieux a-t-il survécu à la majorité de son pupille ? L'art. 369 nous indique alors la règle à suivre :

« Si dans les trois mois qui suivront la majorité du pupille, les réquisitions par lui faites à son tuteur officieux sont restées sans effet, et que le pupille ne se trouve pas en état de gagner sa vie, le tuteur officieux pourra être condamné à indemniser le pupille de l'incapacité où celui-ci pourrait se trouver de pourvoir à sa subsistance. — Cette indemnité se résoudra en secours propres à lui procurer un métier… »

Il s'en faut de beaucoup que cet article soit rédigé avec toute la lucidité désirable : la partie que nous mettons en saillie donne lieu à deux questions controversées.

La première est celle de savoir si le délai de trois mois fixé dans cet article est contre le pupille et par suite si, ce délai passé, le pupille se trouve déchu de son droit à une indemnité. Nous n'aurions pas sous les yeux le procès-verbal de la séance du conseil d'Etat du 18 frimaire an xi, que nous admettrions volontiers la négative. L'affirmative en effet semble punir le pupille de la réserve respectueuse qu'il a montrée à son tuteur. Mais le document précité nous paraît conçu en termes trop précis pour laisser aucun doute sur l'affirmative. On a pensé, dit le consul Cambacérès, qu'alors il était dû à cet enfant non un état, mais un métier; et que si les parties ne s'accordaient pas sur ce point, les tribunaux deviendraient les arbitres de l'indemnité. Il faut au surplus que l'action résultant de cette indemnité se prescrive par un laps de temps fort court. — L'article, ajoute immédiatement le procès-verbal, est adopté avec ces amendements » (Locré, t. **6**, p. 569).

Une autre question délicate soulevée à l'occasion de l'article 369 est celle de savoir si le tuteur officieux pourra être condamné à une indemnité dans le cas où il n'aura pas mis en état de gagner sa vie un pupille dont les revenus sont suffisants pour pourvoir à son existence. En s'en tenant au texte de l'article 369, il faudrait répondre affirmativement; mais une pareille décision nous paraît contraire à l'esprit de la loi. Il semble choquant en effet qu'un pupille jouissant de revenus considérables puisse sous prétexte que son tuteur officieux ne lui a pas fait apprendre de métier intenter contre lui une action en indemnité tendant à la prestation d'un secours au moyen duquel il soit à même d'en apprendre un.

Il faut observer que l'indemnité dont parle l'article 369 n'est pas nécessairement due par cela seul que le pupille n'a pas été adopté et qu'il n'est pas en état de gagner sa vie. Dans ce cas, dit l'article, le tuteur *pourra* être condamné à une indemnité. La loi laisse donc aux juges le soin d'apprécier s'il y a lieu ou non d'adjuger l'indemnité ; et ils devront pour cela examiner si l'incapacité du pupille provient ou de la négligence du tuteur officieux ou du fait du pupille, de sa paresse ou de son défaut d'intelligence.

Par analogie, certains jurisconsultes prétendent qu'il pourrait y avoir lieu à cette indemnité dans le cas où le tuteur officieux décéderait sans avoir adopté le pupille encore mineur, mais qui devrait atteindre sa majorité avant d'avoir appris un métier qui le mette en état de gagner sa vie.

Si le tuteur officieux voulait adopter son pupille devenu majeur, il devrait se conformer à toutes les règles sur l'adoption ordinaire aussi bien à celles relatives aux conditions qu'à celles qui concernent les formes. La loi en effet n'a nulle part dispensé l'adoption ordinaire de quelques-unes de ses formes pour le cas où elle aurait été précédée de la tutelle officieuse.

Pour terminer, observons que les art. 364, 367 et 369 autorisent les stipulations particulières par lesquelles les parties dans le contrat passé devant le juge de paix régleraient d'une manière spéciale les effets de la tutelle, soit en déterminant la manière dont le pupille devrait être élevé, soit en fixant d'avance, pour le cas où le tuteur mourrait avant la majorité du pupille et sans l'avoir adopté, le mode et le montant de ce qui pourrait être dû pour l'entretien de ce pupille ; soit en déterminant l'indemnité qu'il devrait pour le cas où le pupille arriverait à sa majorité sans être en état de gagner sa vie et sans être adopté.

Il nous semble toutefois que ces stipulations particulières ne peuvent avoir pour objet que de déterminer le mode d'exécution des charges de la tutelle officieuse ou de les aggraver, mais qu'elles ne sauraient les diminuer ou les restreindre sans enlever en même temps au contrat son caractère de tutelle officieuse.

POSITIONS.

DROIT ROMAIN.

I. Dans le Digeste, les lois 3 et 4 *de adoptionibus* et la loi 2 *de officio præsidis* peuvent se concilier avec la loi 13, § 4 (*in fine*) *ad senatusconsultum trebellianum* et la loi 9 *pr.* (*in fine*) *de pactis*.

II. Dans le droit antéjustinien l'adoption de l'esclave n'a pas dû avoir seulement pour effet de l'affranchir : elle a dû valoir aussi comme adoption.

III. La novelle 115 chapitre 3 *in fine* n'a modifié en rien l'édit *de legatis præstandis*.

IV. La novelle 118 chapitre 1 ne donne ni à l'adrogé ni à l'adopté par un ascendant les droits qu'elle leur eût conférés sur la succession *ab intestat* de leur père naturel s'ils fussent restés en puissance ou s'ils eussent été simplement émancipés.

V. La loi 8, § 11 *de bonorum possessione contrà tabulas* n'est pas en contradiction avec la loi 1, § 14 *de collatione bonorum*.

VI. Dans l'espèce prévue par le premier alinéa de la loi 14, § 1 *de bonorum possessione contra tabu-*

las, au Digeste, Accurse suppose à tort que le petit fils a dû être institué par son aïeul naturel.

VII. Les droits de patronage de l'adrogé sur ses affranchis ne s'éteignent point par l'adrogation, et il faut attribuer à une autre cause l'extinction des *operæ servorum* qui a lieu dans ce cas.

VIII. On peut concilier entr'elles la loi 3, § 6 *de minoribus viginti quinque annis* au Digeste et la loi 9, § 4 du même titre.

DROIT FRANÇAIS.

I. L'enfant naturel peut être adopté par le père ou la mère qui l'a reconnu.

II. L'on ne doit pas admettre la théorie d'après laquelle l'adoption une fois homologuée par le tribunal et par la cour, et inscrite sur les registres de l'état civil, serait inattaquable.

III. L'adoption n'établit aucun lien entre l'adoptant et les enfants de l'adopté.

IV. La réserve de l'adopté sur la succession de l'adoptant est identiquement la même que celle de l'enfant né en mariage.

V. L'adoptant ou ses descendants succèdent comme l'ascendant donateur aux actions en reprise ou au prix encore dû des biens provenant de l'adoptant, mais que l'adopté ou ses descendants ont aliénés.

VI. Même en cas d'adoption rémunératoire,

celui qui est l'objet de l'adoption ne peut être adopté par plusieurs, si ce n'est par deux époux.

DROIT CRIMINEL.

I. La récidive doit être caractérisée d'après la qualification de la première peine et non d'après celle du premier fait.

II. Depuis la loi du 31 mai 1854, il n'y a plus de morts civilement. Cette règle est absolue.

HISTOIRE DU DROIT.

I. La communauté entre époux a son origine et dans le droit germain et dans les communautés serviles du moyen âge.

II. Le domaine congéable breton a dû prendre naissance à la suite des immigrations galloises des 5e et 6e siècles.

DROIT DES GENS.

I. Une nation peut valablement déclarer ses propres ports en état de blocus.

II. Un étranger ne peut figurer activement ou passivement dans une adoption, à moins qu'il n'ait obtenu du gouvernement l'autorisation de résider en France, ou que le droit d'adopter n'ait été accordé aux Français par les traités de la nation à laquelle cet étranger appartient.

*Vu par le **Président** de la thèse,*

Frédéric DURANTON.

Vu par le doyen,

C. PELLAT.

Permis d'imprimer :

Pour le Vice-Recteur, l'Inspecteur de l'Académie,

DELALLEAU

9 782014 108767